Adelgaza
sin dietas

Colección: Ideas brillantes
www.52ideasbrillantes.com

Título original: Lose weight and stay slim
Autora: Eve Cameron
Traducción: Cristina Alonso y Julián Casas para Grupo ROS

Edición original en lengua inglesa:
   © The Infinite Ideas Company Limited, 2005
Edición española:
   © 2008 Ediciones Nowtilus, S.L.
   Doña Juana I de Castilla 44, 3° C, 28027 - Madrid

Editor: Santos Rodríguez
Responsable editorial: Teresa Escarpenter

Coordinación editorial: Alejandra Suárez Sánchez de León (Grupo ROS)
Realización de cubiertas: Murray
Realización de interiores: Grupo ROS
Diseño colección: Baseline Arts Ltd, Oxford

Depósito legal: M-24508-2008
ISBN: 978-84-9763-524-0
Fecha de edición: Junio 2008

Impreso en España
Imprime: Estugraf impresores S.L.

Aviso
Es tu vida, así que tú decides
cómo cuidarte. Deberías
consultar al médico antes de
introducir cambios en tu dieta,
comenzar cualquier rutina de
ejercicios o tomar suplementos
nutricionales.

Si tienes problemas de salud,
cualquiera que sea su
naturaleza (físicos, emocionales
o mentales), acude siempre al
especialista adecuado.

Adelgaza sin dietas

Los hábitos saludables para conseguir un cuerpo 10

Eve Cameron

nowtilus

Índice

¿Sientes que tus cinturones comienzan a apretarte? ¿Has tenido que hacerles un nuevo agujero? ¿Sólo te sientes cómoda con ropa suelta? Aquí encontrarás la información necesaria para calcular tu peso ideal aproximado, así como para ayudarte a modelar tu figura.

Puedes comer calculando o no las calorías que ingieres, pero la clave para perder peso puede estar en saber cuántas calorías tiene la cebolla que te estás comiendo.

Márcate unos objetivos para convertir tu sueño de perder peso en realidad. La mayoría de nosotros no lo hacemos, pero planificarse resulta realmente efectivo.

¿En qué consiste comer saludablemente? Conseguir tener unas nociones básicas sobre este tema supone tener medio camino andado hacia nuestro objetivo de mantenernos delgadas.

No te embarcarías en un negocio sin tener un plan previo; sobre todo si dicho negocio conlleva importantes cambios. Pues bien, como gerente de tu cuerpo y tu mente, aplica esta misma técnica para llevar a cabo con éxito tu plan de adelgazamiento.

Ideas brillantes

Notas brillantes

Cada capítulo de este libro está diseñado para proporcionarte una idea que te sirva de inspiración y que sea a la vez fácil de leer y de poner en práctica.

En cada uno de los capítulos encontrarás unas notas que te ayudarán a llegar al fondo de la cuestión:

- *Una buena idea...* Si esta idea te parece todo un revulsivo para tu vida, no hay tiempo que perder. Esta sección aborda una cuestión fundamental relacionada directamente con el tema de cada capítulo y te ayuda a profundizar en ella.

- *Otra idea más...* Inténtalo, aquí y ahora, y date la oportunidad de ver lo bien que te sienta.

- *La frase...* Palabras de sabiduría de los maestros y maestras en la materia y también de algunos que no lo son tanto.

- *¿Cuál es tu duda?* Si te ha ido bien desde el principio, intenta esconder tu sorpresa. Si por el contrario no es así, este es un apartado de preguntas y respuestas que señala problemas comunes y cómo superarlos.

Introducción

Juraría que apareció una noche de repente. Ese michelín que
tengo en la cintura no estaba cuando tenía 34 años. Pero el día
que cumplí 35, lo vi asomando sobre los vaqueros.

Lo intenté encogiendo tripa. Probé a andar de puntillas. Lo intenté poniéndome
otro par de vaqueros. Pero allí seguía, como ese regalo espantoso que todos
tenemos en casa y que no podemos devolver porque no tenemos el ticket.
Sin embargo, sabía perfectamente cómo había llegado hasta esta situación. A
pesar de que hacía ejercicio de forma regular, también comía en demasía.
Además de comer mucho (las raciones grandes me en-
cantaban), también soy golosa, por lo que me inflaba
de dulces cuando tenía hambre (umm, esos tentempiés
tan apetitosos). En algún momento, comencé a ingerir
más calorías de las que consumía. De hecho, es la forma en que todo el mundo engorda. Puede haber otras
razones (medicación, enfermedad) pero, básicamente,
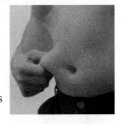
ganas peso porque comes demasiado y te mueves poco. Por tanto, la solución
está clara: comer menos y moverse más. Pero… es más fácil decirlo que
hacerlo. Aunque tienes mucho apoyo y sabes cómo lograrlo, ¿o no?

Cuando me hablaron por primera vez de la posibilidad de escribir un libro
en la colección Ideas Brillantes, me pregunté si realmente el mundo necesitaba

Introducción

un libro más que hablara de dietas y adelgazamiento. La conclusión fue afirmativa, ya que todos estaríamos delgados, saludables y felices si los libros ya escritos nos hubieran respondido todas nuestras dudas, nos hubieran proporcionado todos los consejos y trucos que necesitamos y nos hubieran motivado lo suficiente como para perder peso y, lo más difícil, no recuperarlo. Pero, ¿qué tiene de especial este libro? Primero, el formato es fabuloso. Los capítulos (o, como preferimos llamarlos, ideas) son buenos, cortos y contienen información suficiente como para tratarse como un ente individual, incluso llamadas a otras ideas, que permiten relacionarlas. Además, incluyen un apartado final que responde a las dudas más habituales relacionadas con el tema tratado. Este formato te permite elegir entre leer (o consultar) las ideas de forma individual o leer el libro de corrido si lo prefieres.

Respecto al contenido, el libro no indica que tomes 50 gramos de piña o que hagas quince abdominales antes de desayunar. Es una guía mucho más «integral» (en los dos sentidos). Se habla de motivación, de forma física, de las comidas saludables, de cómo descifrar las etiquetas, del ejercicio, se analizan las dietas más famosas, y mucho más. En resumen, incluye todos los factores relevantes para perder peso.

A lo largo del libro, encontrarás varios temas que se repiten. Son los temas que considero claves para que logres perder peso y mantener dicha pérdida una vez logrado. Voy a decirte cuáles son (aunque espero que te leas el libro completo).

Las dietas no son como los autobuses: no puedes empezar una, dejarla, volver, cambiar y así sucesivamente. Éste es el motivo de que fracasen la mayoría de las dietas. Una dieta especial puede funcionar si no te aburres al tercer día y no vuelves a comer como antes y recuperas todos los kilos perdidos. El único modo de perder peso de forma permanente consiste en mejorar (y, por tanto, cambiar) tus hábitos alimenticios. Esto no significa privarse (aunque la mayoría de las dietas se basan en la prohibición de ciertos alimentos), sino que consiste en comer sano, consumir variedad de alimentos (algunos moderadamente) y mantener a raya el tamaño de las porciones. Es mucho más efectivo realizar pequeños cambios y mantenerlos en el tiempo, que realizar esfuerzos ímprobos durante unas semanas.

La actividad física es obligatoria. Esto no significa que tengas que ir a hacer musculación todas las tardes para superar a Rocky. Pero sí tienes que realizar media hora de ejercicio moderado cinco veces a la semana. Puede tratarse de un gimnasio, de un entrenador personal, de baile, de *footing*, de paseos… de hecho, cualquier cosa que implique aumentar las pulsaciones y que haga trabajar los músculos. Además de quemar calorías y tonificar el cuerpo, el ejercicio representa muchas ventajas para la salud. Merece la pena dedicarle tiempo. Y si tienes niños, tienes la obligación de que el ejercicio físico forme parte de su vida, como diversión y como forma de asegurarte de que en el futuro estarán sanos y sin problemas de sobrepeso.

Marcarse objetivos realistas es esencial para la motivación y, por tanto, para lograr tu objetivo. Hay herramientas en este libro que te ayudarán a descubrir si realmente tienes sobrepeso y en qué proporción. Una persona baja y con el cuerpo en forma de manzana, nunca podrá ser una persona alta con el cuerpo en forma de pera, y viceversa. El objetivo es estar en la mejor forma física posible. Si estableces objetivos realizables, conseguirás llegar hasta ellos. Las metas que son imposibles lo único que lograrán es que te sientas mal. Del mismo modo, sé realista sobre la velocidad a la que puedes perder peso. Las dietas de choque (dietas de pocos días o que incluyen muy pocas calorías) te permiten perder peso muy rápidamente, pero la mayoría de lo perdido es agua y musculatura, en lugar de grasa. Es mucho mejor comer con sensatez y perder medio kilo a la semana. Es más fácil, además de ser mucho más saludable para tu cuerpo y, lo más importante, resulta mucho más sencillo mantener la pérdida de peso una vez conseguida. Esto significa que no volverás a recuperar tu peso anterior la primera vez que decidas volver a tomar un dulce. Recuerda que fue la hormiga la que ganó la carrera, y no la liebre.

Bueno, pues estos son los grandes puntos que has de aprender. Este libro te proporciona toda la teoría (poca, no te asustes), los trucos y las ideas que necesitarás para llegar a donde deseas. Y si hay un consejo más que puedo darte, ese es que cocines o que aprendas a cocinar. La mayoría de los expertos coinciden en que parte de la proliferación de personas con sobrepeso se debe al abuso de comidas precocinadas, comida basura, comida para llevar y alimentos procesados. La comida casera tiende a tener menos grasa, sal y azúcar (y por supuesto, menos aditivos). Coincido con la opinión del Príncipe Carlos de Inglaterra en que se debería de volver a incluir la asignatura de «hogar» en el curriculum escolar. ¡La mayoría de los niños que conozco, no saben ni cocer un huevo! La verdad es que consume la misma cantidad de tiempo preparar rápidamente una comida saludable, sabrosa y baja en calorías que recalentar comida precocinada o esperar a que nos traigan la comida del chino más cercano. El precio tampoco es una excusa en este caso. La única diferencia se verá en tu cintura. ¿Crees que el mundo necesita también otro libro de cocina?

¡Vas a conseguirlo!

Eve

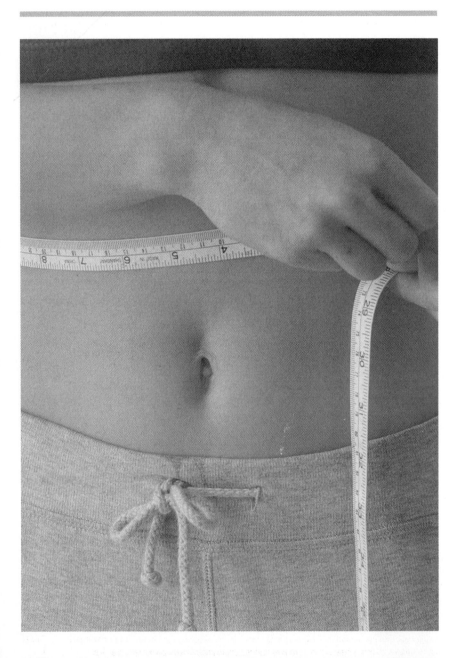

1

Un tema pesado
o una cuestión de peso

¿Sientes que tus cinturones comienzan a apretarte? ¿Has tenido que hacerles un nuevo agujero? ¿Sólo te sientes cómoda con ropa suelta? Aquí encontrarás la información necesaria para calcular tu peso ideal aproximado, así como para ayudarte a modelar tu figura.

A juzgar por lo que se desprende de los titulares de los periódicos acerca de las nuevas estadísticas e investigaciones sobre la obesidad, nos vemos obligados a creer que existe la obligación moral de estar delgadas.

La justificación suele ser que las personas gordas enferman más a menudo y constituyen una carga para nuestro sistema sanitario. Además, nos encontramos con las imágenes de modelos y celebridades extremadamente esbeltas en el cine y la televisión con quienes inevitablemente nos comparamos. El mensaje subliminal es que hay que estar delgada, así es como tienes que verte, sobre todo si quieres ser una persona feliz y exitosa, además, claro está, de sexualmente atractiva. En el otro extremo nos encontramos con que media humanidad se muere de hambre. ¿No es esta razón suficiente para que se te atragante el chocolate?

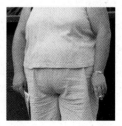

Una buena idea

Mide tu cintura y tus caderas. Ahora muchos especialistas opinan que la acumulación de grasa en la región abdominal es la que mata. Las personas con tronco en forma de manzana, caderas relativamente estrechas y una gran cintura, corren un mayor riesgo de desarrollar padecimientos cardíacos que aquéllas con el tronco en forma de pera que acumulan grasa en caderas y muslos.

La obesidad constituye innegablemente un problema creciente en el mundo occidental, debido fundamentalmente a un consumo excesivo de alimentos erróneos, así como al descenso del nivel de actividad física. Los expertos advierten también de la multitud de enfermedades que acarrea el exceso de peso entre las que destacan insuficiencias cardíacas, diabetes, hipertensión arterial y, para las mujeres en particular, aunque no de manera exclusiva, problemas de fertilidad. Esto no supone que una persona obesa desarrolle todos los tipos de patologías asociadas al sobrepeso, sino simplemente que la obesidad incrementa los riesgos de padecerlas, a pesar de lo cual la mayoría de nosotras continuamos manteniendo el exceso de peso hasta que algo comienza a ir mal. La única salida que te queda entonces al comenzar a padecer alguna de las patologías antes mencionadas, es que tu médico te aconseje que pierdas peso y te prescriba una dieta.

Para la mayoría de nosotros, adelgazar, más que una medida preventiva de salud, es una cuestión estética porque no nos gusta como nos vemos. Esto no es malo, siempre y cuando no interfiera en nuestra vida diaria provocando desórdenes alimenticios (anorexia, bulimia, etc.). Si éste es tu caso, por favor busca ayuda a través de tu médico o terapeuta. La vida es demasiado corta y preciosa como para no disfrutar plenamente de ella.

Calcular si realmente tienes sobrepeso es fácil a través del Índice de Masa Corporal (IMC). Hemos de destacar que este método no está exento de críticas (en especial porque si eres una persona con una masa muscular importante, no grasa, pesarás más que una persona gorda con tu mismo volumen) ¡pero por algún lado hay que empezar! Todo lo que debes hacer

Idea 1. Un tema pesado o una cuestión de peso

es pesarte y anotar el resultado en kilogramos. Después mide tu altura en metros y realiza la siguiente operación:

Peso en kilogramos partido por (altura en metros x altura en metros) = IMC

Por ejemplo si mides 1,60 metros de altura y pesas 70 kg

70 / (1,6 x 1,6)=

70 / 2,56 = 27,34

IMC = 27,34

Otra idea más

Si dudas o deshechas la idea de incrementar tu actividad física, ve a la IDEA 12, *El ejercicio es tan bueno como dicen, ¡de verdad!*

Compara tus resultados con los de la siguiente tabla:

IMC para hombres	*IMC para mujeres*	*Resultado*
Menos de 20	Menos de 19	Bajo peso
20-24,9	19-24,9	Peso normal
25-29,9	25-29,9	Sobrepeso
Más de 30	Más de 30	Obesidad

Yo me encuentro dentro de los límites del peso normal, lo cual es estupendo desde el punto de vista de la obesidad, pero soy consciente de haber aumentado un par de tallas en la última década y creo que perder tres kilos (¡y no recuperarlos!) me ayudaría a sentirme mejor. Ya tengo fijado mi objetivo de pérdida de peso, ahora calcula tú el tuyo.

La frase

«No me sobran kilos, me faltan centímetros».

SHELLEY WINTERS

¿Cuál es tu duda?

P Pero si provengo de una familia de obesos, ¿tengo alguna posibilidad de lograrlo?

R *Podemos culpar a nuestros padres por muchas cosas, incluida la tendencia a engordar. Sin embargo, muchas de estas tendencias al sobrepeso no son tanto una herencia genética sino una herencia de hábitos mal aprendidos. Por ejemplo, si provienes de una familia que adora comer, el comer más de la cuenta forma parte de tu estilo de vida, es un hábito. Y los hábitos pueden cambiarse.*

P ¿Puede ser mi exceso de peso el resultado de un metabolismo lento?

R *Tu ratio de metabolismo basal es el número de calorías que tu cuerpo necesita para mantener sus funciones vitales. Viene determinada en parte por tu herencia genética. Una amiga con un peso y talla similar al tuyo puede comer más que tú y no ganar peso. Esto puede resultarnos especialmente molesto, pero es probable que tú seas mejor en otras cosas que ella. Hay dos cosas que debes recordar. En primer lugar, si tu cuerpo es menos gordo y más musculoso, tu metabolismo es más alto ya que los músculos queman más calorías que la grasa. Este es el motivo por el que incluir ejercicios en tu plan de pérdida de peso resulta realmente efectivo. En segundo lugar, la drástica reducción de calorías hará que tu metabolismo comience a funcionar a un ritmo más lento para ajustarse al nuevo consumo, y te sentirás hambrienta todo el tiempo. Comer menos pero comer bien es la clave para una pérdida de peso mantenida en el tiempo.*

P ¿Por qué los hombres comen más que las mujeres?

R *La razón es que son más grandes que las mujeres y, por lo tanto, emplean una mayor cantidad de energía en su mantenimiento diario. Además ellos tienden a desarrollar más masa muscular que las mujeres, masa que resulta desde un punto de vista metabólico más activa que la formada por grasa, lo cual supone que necesita un mayor consumo calórico para su mantenimiento. Las mujeres, sin embargo, presentan una mayor tendencia a la acumulación de grasas.*

2

Es sencillo contabilizar
lo que comes

Puedes comer calculando o no las calorías que ingieres, pero la clave para perder peso puede estar en saber cuántas calorías tiene la cebolla que te estás comiendo.

En realidad se trata de un concepto bastante simple aunque muchos libros se empeñen en complicarlo. Asimilarlo supone dotarte de una poderosa herramienta para controlar tu peso.

Las calorías son sólo una unidad de medida que utilizamos para cuantificar la energía que aportan los alimentos y la que necesita consumir el cuerpo.

Seguramente estarás familiarizado con las dietas basadas en contar las calorías de todo lo que consumes. ¡Es una auténtica pesadilla! Te pasas el día obsesionado pesando y contando calorías, no puedes comer fuera de casa, te aburre y además acababa afectando a tu vida social. Actualmente este tipo de dietas se considera completamente desfasado.

Sin embargo, sí es importante que tengas una idea acerca del valor global de las calorías de lo que lo ingieres para poder elegir lo mejor.

La mayoría de las comidas son una combinación de proteínas, grasas e hidratos de carbono. Un gramo de grasa contiene 9 calorías; un gramo de proteínas o carbohidratos 4. Un gramo de alcohol contiene 7 calorías.

Básicamente si ingieres más calorías de las que consumes este excedente será almacenado en forma de grasa; por otro lado sería mucho más cómodo consumir las calorías que necesitas en uno o dos bocados, pero hay que tener en cuenta que tu cuerpo también necesita de otros nutrientes para sobrevivir, por lo que es conveniente equilibrar tu dieta.

Consun

Una buena idea

Incluye productos de soja en tu dieta. Las isoflavonas de la soja ayudan a mejorar la quema de grasas, además contribuyen a acelerar el metabolismo y a reducir tu apetito. ¡Incluso aceleran el crecimiento de las uñas!

¿CUÁNTAS CALORÍAS NECESITAS AL DÍA?

Voy a proporcionarte una fórmula para calcularlo de manera aproximada. Se trata de un cálculo sólo aproximado, insisto, porque para realizarlo con auténtica exactitud necesitaríamos tener en cuenta otros factores que no podemos incluir en una fórmula. En tu centro de salud pueden ayudarte en el cómputo a ser más preciso.

Uno de estos factores es la edad: a medida que ésta avanza tu necesidad de calorías disminuye. Obviamente esta regla es sólo válida para los adultos. ¡No vayas a aplicársela a tus niños!

La frase

«Dos de cada tres hombres del Reino Unido presentan exceso de peso o son obesos».

ASOCIACIÓN DIETÉTICA BRITÁNICA

El sexo constituye también otro elemento diferenciador. Un hombre posee más masa muscular que una mujer. El músculo consume más calorías que la grasa. Así, los hombres necesitan más calorías para vivir que las mujeres.

Idea 2. Es sencillo contabilizar lo que comes

Otra idea más

Conocer el valor nutricional de los alimentos es fundamental. Adelántate hasta la IDEA 30, *¿Qué pone la etiqueta?*

Ahora vamos a jugar con los números.

En primer lugar calcula tu *Ratio Metabólico Basal* (RMB) que te va a indicar el número de calorías que necesitas para vivir. Para ello, si eres una mujer multiplica por 21,6 tu peso en kilos y por 24 si eres un hombre. Hay que tener en cuenta también tu nivel de actividad física. Así, la cantidad anteriormente calculada será multiplicada por 0,2 si llevas a cabo una vida sedentaria, por 0,3 si te mueves algo (andas, realizas las tareas del hogar), por 0,4 si eres moderadamente activa y no sueles permanecer sentada durante mucho tiempo y por 0,5 si tu trabajo conlleva desarrollara alguna actividad física o practicas de manera habitual algún deporte.

Sumando ambas cantidades obtendrás las calorías que necesitas para sufragar tu RMB. Además hemos de tener en cuenta que comer y digerir los alimentos conlleva también un gasto calórico de aproximadamente el 10% de tu RMB. Este gasto se denomina ADA. Si le sumamos este porcentaje a nuestro RMB nos dará el número total de calorías que necesitamos consumir diariamente.

Así para una mujer de 60 kilos con una actividad sedentaria obtendríamos los siguientes datos:

GMB: 60 x 21,6 = 1296

Índice corrector de actividad: 1296 x 0,2 = 259

ADA: (1296 + 259) x 10%= 156

Es decir esta mujer necesitaría consumir 1296 + 259 + 156 = 1711 calorías.

Para perder medio kilo en una semana necesitarías disminuir tu ingesta de calorías diarias en 500 con referencia a esta última cifra (o reducirla en menor proporción si compensas la diferencia con ejercicio extra).

Aunque inicialmente te cueste creerlo resulta más fácil perder peso y mantenerse si lo reduces a largo plazo que si lo pierdes rápidamente, pues en este último caso tienes muchas posibilidades de recuperarlo y entrar en una espiral de dietas yo-yo

Bueno, hemos terminado la contabilización de calorías ¿Quién dijo que la contabilidad no era divertida?

La frase

«Si quieres perder peso con la intención de no recuperarlo, comer menos es más efectivo que hacer ejercicio…pero, sin duda alguna, una combinación de ambas estrategias es lo mejor».

SIR JOHN KREBS, PRESIDENTE DE LA FSA (FOOD STANDARDS AGENCY)

¿Cuál es tu duda?

P ¿No podría simplemente disminuir el número de calorías que ingiero diariamente para conseguir perder peso?

R *Podrías, pero no sería una decisión inteligente. Lo primero que perderías sería agua y proteínas. Además tu metabolismo se ralentizaría con el objetivo de conservar calorías. Al final, con cualquier cosa que comieras ganarías peso. Este es el motivo por el que no deberías bajar de 1.200 calorías diarias. Una dieta planteada a largo plazo, perdiendo peso de manera paulatina, te asegura que aunque al principio comiences por eliminar agua, enseguida lograrás hacer mella en tu reserva de grasa, que es nuestro objetivo. Perder peso despacio unido a un cambio de estilo de vida es la única garantía de éxito a largo plazo.*

P Si como más calorías, ¿puedo compensarlo haciendo ejercicio extra?

R *En principio podrías hartarte de comer guarrerías y luego quemar las calorías extras. El problema es que a la larga acabarías mal nutrido. Mucha de la comida que posee un alto contenido de grasa no ofrece el resto de los nutrientes necesarios para nuestro organismo. Una dieta rica en grasas saturadas, por ejemplo, puede tener efectos directos sobre nuestros niveles de colesterol. Por lo tanto lo más óptimo para nuestra salud y nuestro peso es una dieta equilibrada y variada.*

3

Marcarse metas (sin cambiarlas todas las semanas)

Márcate unos objetivos para convertir tu sueño de perder peso en realidad. La mayoría de nosotros no lo hacemos, pero planificarse resulta realmente efectivo.

Un prestigioso estudio sobre un grupo de estudiantes americanos en los años cincuenta reveló que sólo el 3% de los que se graduaron había establecido por escrito una serie de objetivos para su vida.

El seguimiento ulterior de la misma puso de manifiesto que, veinte años después, los logros financieros de los que se habían marcado objetivos superaban al conjunto de los obtenidos por el resto. Y no sólo eran más ricos (podemos pensar que el dinero no lo es todo) sino también más felices y gozaban de mejor salud que los otros.

Marcarse metas a la hora de perder peso es tan importante como fijarse objetivos en la vida, aunque no siempre es tan sencillo como puede parecer. Decir «Quiero perder peso» puede ser cierto, e incluso parecerse mucho a un objetivo, pero no nos va a llevar muy lejos. ¿Por qué? Porque necesitamos unas metas INTELIGENTES, es decir: concretas,

cuantificables, alcanzables, realistas y un calendario a seguir. El simple hecho de concretar cuáles son los pasos a dar para llegar a tu meta aumenta tus posibilidades de alcanzarla.

Una buena idea

Escribe tus objetivos y exponlos en un lugar donde los vayas a ver todos los días (como la puerta del frigorífico) cuando los veas repítetelos a ti mismo y visualiza cómo te verás y sentirás cuando los hayas alcanzado. Esto te ayudará a mantener tus objetivos como algo real y vivo.

Pues bien, vamos a ello. Toma papel y lápiz y comienza a escribir.

Concreta: Escribe cuánto peso quieres perder y si existe algún motivo especial por el que quieras hacerlo (una celebración que se avecina, por ejemplo) o si se trata de motivos de salud. Quizás siempre has tenido sobrepeso y quieres poner fin a esta situación. Es importante que pienses acerca de las razones que te impulsan a adelgazar y las incluyas en los «porqués» de tu meta. Una vez que lo tengas verbalizado es más fácil centrarte en conseguirlo.

Cuantificable: ¿Cómo vamos a cuantificar la consecución de objetivos parciales? ¿Por pérdida de peso? ¿Por disminución de tallas? ¿Por cómo te vayas sintiendo? ¿Con qué periodicidad te medirás o tallarás? Aquí no existen respuestas correctas y erróneas, pero hay que establecer un procedimiento válido para ti.

Realizable: Has de preguntarte a ti misma si esa meta es realmente lo que tú quieres. A veces nos fijamos objetivos en momentos de euforia que luego nos resultan inalcanzables. Si no estás 100% feliz y segura con el objetivo marcado puede ser que necesites revisar si es demasiado ambicioso o conlleva un cambio de vida demasiado grande como para que confíes en alcanzarlo. El objetivo debe tener cierta elasticidad porque si parece inalcanzable te desanimarás enseguida. Obviamente la consideración de realizable es bastante subjetiva y depende de muchos factores tales como tu personalidad, confianza y experiencia.

Idea 3. Marcarse metas
(sin cambiarlas todas las semanas)

Otra idea más

Establecer objetivos es un paso muy importante en tu plan de adelgazamiento. Puedes llevarlo a la práctica como un plan de negocios. Ve a la IDEA 5, *Aprende a actuar como el gerente de «Tu Cuerpo, S.A.»*.

Realista: Aunque pongas todo tu empeño, si mides 165 centímetros y tienes una silueta en forma de pera ninguna dieta conseguirá que te parezcas a Elle McPherson, ¡más aún si eres un hombre! Para fijarte un objetivo realista piensa en qué es lo máximo que podrías alcanzar partiendo de lo que partes.

Calendario: Un calendario te ayudará a no perder de vista tu objetivo. Establece un punto de partida; por ejemplo, «empezaré con mi saludable plan de pérdida de peso el próximo jueves» y un tiempo de ejecución «terminaré para las vacaciones de verano». Incluye en este plan genérico objetivos parciales; la consecución de los mismos te ayudará a estar más motivado. Puedes también añadir frases como «empezaré a hacer ejercicio tres veces en semana los lunes, miércoles y sábados a partir de la próxima semana». Siempre utiliza un enunciado positivo al escribirlos y obvia expresiones como «debería» o «tendría que».

De momento tu primera meta debía ser visualizar tu objetivo de forma tan clara que puedas alcanzarlo y tocarlo. Espero que te sientas suficientemente motivada y preparada para empezar. Una cosa más: recuerda felicitarte por cada paso del camino, ya sea recompensándote con algún regalito (¡nada de «chuches», claro!) o con una simple palmadita mental en la espalda.

La frase

«Iniciar el camino teniendo claro hacia donde nos dirigimos significa comenzar con una clara idea de nuestro destino».

Stephen Covey

¿Cuál es tu duda?

P Mis objetivos parecen un poco confusos ¿cómo podría clarificarlos?

R *A veces es más fácil comenzar a definir lo que no queremos para después llegar a identificar qué es lo que realmente queremos. Es sumamente importante tenerlo claro para poderlo alcanzar.*

P ¿Qué ocurre si fallo y no alcanzo mis objetivos?

R *¿Realmente conoces a alguien que nunca se equivoque? Todo el mundo falla. Aprende de tus errores, cambia de tercio e inténtalo de nuevo.*

P ¿Cuánto peso podría proponerme perder por semana?

R *Lo ideal es una pérdida de peso a largo plazo y sostenida en el tiempo. Si optas por reducir drásticamente el número de calorías ingeridas, es probable que inicialmente pierdas más peso (aunque no todo sea grasa) pero pronto te estancarás. Al final te morirás de hambre a todas horas y en cuanto comiences a comer normalmente recuperarás todo el peso perdido. Para rebajar tu peso en medio kilo a la semana sólo tienes que consumir 500 calorías menos de lo que tu cuerpo necesita; ya sea comiendo menos y/o haciendo más ejercicio. Y esto no es tan difícil ¡créeme!*

La pirámide nutricional

¿**En** qué consiste comer saludablemente? Conseguir tener unas nociones básicas sobre este tema supone tener medio camino andado hacia nuestro objetivo de mantenernos delgados.

Para mantener una dieta equilibrada te será de gran ayuda la pirámide alimentaria, concebida por primera vez en los Estados Unidos de América.

Gracias a esta pirámide, con un simple vistazo puedes saber la clase de comida y la proporción que de la misma debes comer para seguir una dieta saludable. Constituye una herramienta estándar cuyos principios resultan sumamente útiles a la hora de optar por una alimentación sana, sin que ello conlleve tener que comer menos. Además, cuanto más sepas acerca de la comida, mayores serán tus probabilidades de adelgazar y mantenerte delgada.

Es importante recordar que comer de forma variada es esencial para gozar de buena salud. Comiendo como la pirámide sugiere proporcionamos a nuestro organismo todas las proteínas, vitaminas, minerales y fibra que necesita sin pasarnos con la ingesta de grasas, sal, azúcar y calorías. Al lado de cada grupo de la pirámide aparecen dos cifras que reflejan el intervalo del número de raciones que debe consumirse del mismo. La cifra más pequeña sería la indicada para personas que quieren seguir una dieta de 1.500-1.600 calorías; esto es, para mujeres de vida sedentaria. La mayor sería la apropiada para dietas de 2.800 calorías seguidas por hombres cuyo trabajo diario requiere el despliegue de una gran actividad física. Al principio puede resultar un poco confuso dada la amplitud del intervalo, ¡prácticamente duplicamos!, pero si dudas en un momento dado, opta por la cantidad más baja.

Una buena idea

Si no te entusiasma la forma de la pirámide ¡prueba con un círculo! Lo realmente importante es que lo dividas en segmentos acordes con la proporción que ha de consumirse de cada tipo de alimento: 30% de frutas y verduras, 30% de pan, pasta, arroz y patatas, 15 % de lácteos, 10% de carnes y pescados y sólo un 10% de grasas y azúcares.

La pirámide alimentaria se utiliza de la siguiente manera. En la base de la misma se encuentra el grupo del pan, cereales, arroz y pasta. De este grupo se recomienda la ingesta de 6-11 raciones. Un escalón arriba nos encontramos con las frutas y verduras. Lo ideal sería de 3-5 raciones de verduras y de 2-4 de frutas. Por encima de las frutas y verduras aparecen los lácteos (yogures, queso, leche y derivados) con exclusión de la mantequilla y de la nata. Comparte este escalón el grupo representado por la carne, el pescado, los huevos, las legumbres y los frutos secos. Deberías consumir 2-3 raciones diarias de cada uno de estos dos grupos. Finalmente ocupando la punta de la pirámide se encontrarían las grasas, aceites y azúcares con un cartel que dice «comer con moderación».

Proponte como ejercicio comparar la pirámide con tu dieta actual de la última semana. ¿Se ajusta en algo a la pirámide? La mayoría de las personas del mundo occidental hemos invertido la pirámide estando constituida la base de nuestra alimentación por el grupo de las grasas y azúcares.

Idea 4. La pirámide nutricional

Llegados a este punto es probable que sientas que tu cabeza está a punto de estallar, relájate, es necesario que tengas en cuenta un dato más: dentro de cada grupo puedes hacer elecciones más o menos saludables y convenientes.

Por ejemplo, en el grupo de los cereales resultan mucho más recomendables, sin duda alguna, los productos integrales, ya que te aportan más fibra, vitaminas y minerales que los hechos a base de harinas refinadas. En principio pertenecerían también a este grupo los pasteles, las magdalenas… pero su alto contenido en grasas y azúcares hace que su inclusión en este escalón de la pirámide resulte un poco complicada, no constituyendo una elección saludable.

Otra idea más

Cuenta tanto lo que comes como la forma en que está cocinado. Ve a la IDEA 23, *Convierte tu cocina en un lugar más «light»*.

Resulta más difícil equivocarse con las frutas y verduras, a menos, claro está, que nos dediquemos a añadirle dos kilos de azúcar y nata montada a las primeras o rebocemos las segundas. La fruta y verduras congeladas y enlatadas son igualmente válidas, pero, ¡ojo!, comprueba que los productos enlatados no llevan sal o azúcar añadidos. Dentro de los lácteos la opción menos «engordante» eliminaría los productos enteros. Con respecto a las carnes son preferibles los cortes magros, sin grasa: por ejemplo, el pollo engorda mucho menos si le quitas la piel. Evita los platos de carne precocinados cuanto puedas, pues tienden a incluir un gran número de grasas. Con los pescados es más sencillo, sólo hay que limitar el consumo de los pescados grasos como el salmón, el atún fresco o la caballa. Pero hablo sólo de limitar. El contenido de estos pescados en ácidos grasos esenciales tales como el omega-3, aporta tantos beneficios al organismo (entre otras cosas reduce el riesgo de padecer enfermedades cardiacas) que debemos incluir dos raciones de este tipo de pescado en nuestra dieta semanal.

La frase

«No me gusta el brócoli. No me gusta desde que era pequeño y mi madre me obligaba a comerlo. Ahora que soy Presidente de los Estados Unidos de América no voy a comerlo nunca más».

GEORGE BUSH, SENIOR

¿Cuál es tu duda?

P A mí no me entusiasma la carne. ¿Existe una pirámide vegetariana?

R *Sí, y es muy parecida a la original. Soja, nueces, semillas y legumbres sustituyen a la carne constituyendo hoy día una auténtica alternativa a la misma. La base de la pirámide estaría constituida por una mezcla de frutas, verduras, semillas y legumbres que deberían ser incluidas en todas las comidas. Hay que vigilar que el consumo de huevos y queso no se dispare, pues si bien constituyen una fuente de proteínas importante también nos proporcionan muchas grasas. De igual forma el consumo de frutos secos y semillas ha de hacerse en pequeñas dosis, pues a pesar de sus beneficios nutricionales hemos de tener en cuenta su alto contenido calórico.*

P ¿En qué grupo incluiríamos una hamburguesa?

R *Como la mayoría de las comidas constituye una combinación de alimentos que pertenecen a varios grupos ya que incluye pan, carne y vegetales.*

P No como mucho pescado aunque sí atún en lata. ¿Cuenta como pescado graso?

R *El atún fresco sí cuenta como pescado graso, pero no así el enlatado, pues los beneficios del omega-3 se han perdido en este último. No obstante, el atún enlatado constituye una fuente importante de proteínas. Únicamente asegúrate de que el atún ha sido envasado al natural para que no lleve aceite ni sal añadidos.*

5

Aprende a actuar como el gerente de "Tu cuerpo, S.A."

No te embarcarías en un negocio sin tener un plan previo; sobre todo si dicho negocio conlleva importantes cambios. **Pues bien, como gerente de tu cuerpo y tu mente, aplica esta misma técnica para llevar a cabo con éxito tu plan de adelgazamiento.**

Yo tenía claro que algo debía de cambiar en mi vida porque no era feliz ¡pero no sabía qué! Establecer un plan me ayudó a clarificar mis ideas y objetivos.

He llegado a obtener grandes logros en mi vida profesional. Hoy día, soy editora y escritora independiente. A lo largo de esta andadura he ido redescubriendo y reinventando mi vida ¡pero no he hecho lo mismo con mi cuerpo! Lo que me gustaría transmitirte es que perder peso es un trabajo muy serio, importante y complejo y que, igual que todas las grandes empresas de tu vida, va a estar salpicado de dudas, confusión, vueltas a empezar y preguntas.

Un plan bien diseñado va a ayudarte a vencer los obstáculos del camino, de ahí mi insistencia en la importancia y utilidad de aplicar las mismas reglas que a tu vida profesional. Por ello te voy a enseñar a diseñar un «plan estratégico de adelgazamiento» ¡incluido en el precio del libro!

Una buena idea

No hay nada como un cambio radical para aumentar tu nivel de energía y motivación. Te proponemos varias ideas:

- Limpia tu frigorífico y tu despensa y elimina de los mismos cualquier producto «engordante».

- Échale un vistazo a tu armario y empaqueta toda la ropa que no te has puesto en el último año y que no piensas volver a ponerte.

- Ve a tu centro de belleza y obséquiate con un corte de pelo o un tratamiento de belleza. Te ayudará a sentirte mejor.

Nos vamos a basar en el establecimiento de Objetivos, Realidades, Opciones y Deseos. Toma una hoja de papel y escribe estos cuatro enunciados dejando espacio suficiente entre uno y otro para poderlos rellenar después con tus ideas y respuestas.

Objetivos. Asumo que si estás leyendo este libro tu objetivo principal es perder peso. No obstante es imprescindible establecer un objetivo más concreto para poder centrarnos en su consecución. Algo como «quiero perder tres kilos para el día de mi boda» o «para mis vacaciones». Cuanto más consigas concretar tu objetivo, mejor concretarás el calendario del mismo. En la medida en que consigas enunciarlo de forma positiva y realista te acercarás a su consecución. Es también importante escribir por qué quieres perder peso: si es por motivos de salud o si se trata de estética. Recordártelo te servirá de refuerzo.

Realidad. Piensa en tu peso actual. ¿Qué puedes hacer para reducirlo? ¿Cuáles son los principales obstáculos que podrían apartarte de tu pérdida de peso? ¿Con qué herramientas cuentas para ayudarte? (aparte de este maravilloso libro). Es posible que cuentes con recursos personales como una férrea determinación, o quizás puedas apoyarte en algún centro o gimnasio cercano. Lo importante es que tengas claros qué o quién puede servirte de apoyo en la consecución de tus objetivos.

Idea 5. Aprende a actuar como el gerente de "Tu cuerpo, S.A."

Otra idea más

El refuerzo positivo de la gente que te rodea te ayudará a permanecer motivado y hará más fácil el camino. ¿Por qué no te apuntas a un gimnasio? Ve a la IDEA 28, *Sólo para miembros... del club.*

Opciones. Ahora deja volar tu imaginación y escribe de qué forma te vas a aproximar a tu objetivo. (Muchas de las ideas se han ido exponiendo ya en este libro, pero añade las tuyas propias). Cuando creas que has terminado intenta añadir alguna otra idea más aunque te parezca tonta o traída por los pelos. Si te atascas, piensa en qué le dirías a un amigo que te pidiera consejo sobre cómo adelgazar. Si el tiempo y el dinero no fueran una limitación, ¿cómo lo harías? ¿Conoces a alguien que haya perdido peso recientemente? ¿Cómo lo ha conseguido? ¿Cómo te sentirías si no perdieras peso?

La frase

«Si puedes soñarlo, puedes hacerlo».

WALT DISNEY

Deseos. Mira tus opciones y escribe qué es lo que te pides y qué estás dispuesto a poner de tu parte para conseguirlo.

Piensa en los obstáculos con los que puedes encontrarte si eliges cualquiera de estas opciones. Aquí tienes trabajo para un rato. ¿Cuándo quieres empezar? ¿Estás completamente convencido de verte haciendo esto? Date una puntuación del 1 al 10.

¡Enhorabuena! Acabas de terminar con el diseño de tu plan estratégico y debías de tener claro qué quieres conseguir y cómo lo vas a hacer. Quizás existan otras áreas de tu vida que necesiten algún cambio. ¡Adelante! Aplícale las mismas reglas.

La frase

«La imaginación es más importante que los conocimientos».

ALBERT EINSTEIN

¿Cuál es tu duda?

P He intentado perder peso anteriormente y nunca lo he conseguido. ¿Por qué esta vez ha de ser diferente?

R *¿Has oído hablar de las técnicas de auto convencimiento? Si crees que puedes conseguir algo, si realmente estás convencido de ello, es más fácil que lo consigas que si piensas lo contrario. Intenta pensar en positivo. Puedes comenzar reformulando tu pregunta con actitud positiva: «He intentado perder peso antes y he aprendido lo que no se debe hacer».*

P Tengo muchas más ocupaciones/preocupaciones en mi vida que las que aparecen en esta lista ¿Cómo puedo sacar tiempo para todo?

R *Ve la sección de realidad de nuestro «plan estratégico» y haz una lista de todos los obstáculos y todas las otras responsabilidades que pueden impedirte alcanzar tu meta. Todo tiene solución en esta vida. A lo mejor necesitas aumentar el número de horas de la niñera, irte a la cama antes a fin de poderte levantar temprano para ir al gimnasio, prepararte tu comida en casa, pedir a tu familia que colabore más con las tareas del hogar, etcétera. En definitiva, piénsalo despacio, detenidamente y pide a alguien más que te ayude con sus ideas. Es probable que tengas que aprender a decir «no» más a menudo. Al fin y al cabo no eres ningún mártir.*

6

Habitúate a escribirlo todo

Llevar un diario te ayudará a perder peso.

Anotar lo que has comido puede proporcionarte alguna sorpresa y, sobre todo, te ayudará a identificar qué cambios necesitas hacer en tu dieta para perder peso.

Muchas veces no somos plenamente conscientes de lo que realmente hemos comido. ¡Simplemente lo olvidamos! Comprueba también con qué frecuencia comes.

Algunas veces no queremos ser conscientes de la realidad simplemente porque nos resulta más sencillo y nos ayuda a eludir el sentimiento de culpabilidad que suele acompañarnos al «saltarnos el plan». Por ello es muy importante llevar un registro escrito de todo lo que comemos y bebemos. Además constituye una herramienta muy útil en nuestra cruzada para perder peso, ya que nos hará evidente qué tipo de alimentos comemos, así como su cantidad y frecuencia. Si no sabes en qué te estás equivocando ¿cómo vas a evitarlo? A no ser que hagas trampas, cosa que no te recomiendo, un diario no miente. Todo lo que te pido es que recojas minuciosamente todo lo que comas o bebas durante una semana. Esto incluye tanto el trocito de queso que picaste como el croissant (tan repleto de

grasas) que devoraste de camino al trabajo. ¡Como no te sentaste a comer, no cuenta como comida! De igual forma, no te resultará beneficioso intentar cambiar tus hábitos durante esta semana a fin de que tu dieta aparezca en el diario como más saludable. ¡Sólo te estarías engañando a ti misma y echarías a perder las ventajas de este ejercicio!

Una buena idea

Las técnicas de visualización de objetivos están siendo utilizadas con gran éxito en campos como el deporte o los negocios. Constituyen un método psicológico probado que te ayuda a alcanzar tus metas. Todos los días durante unos minutos «piénsate» delgado y consigue sentirte igual que cuando lo logres. ¡No te rías, esta técnica ha sido utilizada por medallista olímpicos! Limpia tu frigorífico y tu despensa y elimina de los mismos cualquier producto «engordante».

Cuando finalice la semana, tómate tu tiempo, estudia con detenimiento el diario y hazte las siguientes preguntas:

■ ¿Desayuno, como y ceno todos los días?

Saltarse una de las principales comidas no es el mejor modo de perder peso ya que probablemente lo compensarás excediendo la cantidad en la siguiente o siendo indulgente con el número de calorías o grasas consumidas, recurriendo a picoteos altamente «engordantes».

■ ¿Cuántas veces como entre horas y qué es lo que pico?

Como hemos visto, comer entre horas puede estar motivado por haberse saltado alguna comida. ¡Y a veces acabamos picando la misma cantidad que si hubiéramos comido! Si se trata de «picoteos» saludables, tales como una pieza de fruta o un yogurt desnatado, aun tiene un pase. Pero lo más probable es que nos lancemos sobre una bolsa de patatas fritas, una chocolatina o que devoremos un paquete entero de galletas (¡hey, que yo lo he hecho!). Al final el resultado es que ingieres más calorías de las que necesitas y, consecuentemente, ganas peso de nuevo.

Idea 6. Habitúate a escribirlo todo

Otra idea más

Haz anotaciones en tu diario de cómo te sientes cuando comes. Es posible que asocies algunos alimentos al aburrimiento o la tristeza. Si esto te resulta familiar, ve a la IDEA 14, *¿Eres un comedor compulsivo emocional?*

- ¿Es mi dieta suficientemente variada o me revela mi diario que como lo mismo día sí, día no? ¿Qué tipo de alimentos suelo comer?

Está claro que una dieta saludable va unida a una variedad de alimentos. ¿Incluye tu dieta todos los días alimentos de todos los grupos que hemos visto? A grande rasgos nosotros necesitamos proteínas (carne, pescado, huevos, legumbres), hidratos de carbono o carbohidratos (pan, cereales, pasta, arroz, patatas) y una gran cantidad de frutas y verduras, aparte de algunas raciones de grasas y lácteos.

- ¿Acabo sucumbiendo a la comida basura, los centros de comida rápida y a los platos precocinados?

¡Estamos siempre tan ocupados! El problema es que si recurrimos a este tipo de comida, ganar peso será inevitable debido a su alto contenido calórico. En cualquier caso, si tienes que «comer rápido» puedes mejorar la calidad de tu comida incluyendo abundantes ensaladas y verduras como acompañamiento. La única forma de controlar realmente todo lo que lleva tu comida es que la hagas tú mismo. Esto no tiene por qué resultarte más caro, ni tampoco ha de consumirte demasiado tiempo. Te animo a que te compres un libro de cocina baja en calorías: te sorprenderás.

La frase

«Mi médico me ha prohibido celebrar cenas íntimas para cuatro, a menos que realmente invite a otras tres personas».

ORSON WELLES

23

■ ¿Qué bebo?

Has de tener en cuenta tu consumo de alcohol. Si bebes, aparte de no conducir, intenta no excederte de las cantidades saludables que son 21 unidades a la semana para los hombres y 14 para las mujeres. Desde un punto de vista de pérdida de peso, hay que recordar que el alcohol está plagado de calorías. ¿Y qué me dices de los refrescos? Algunos contienen el equivalente a 7 cucharaditas de azúcar. Con respecto a los zumos de frutas, aunque naturales, contienen también azúcar, con lo que si tú consumes un litro al día aumentas considerablemente tu ingesta de calorías. ¿Bebes suficiente agua? ¿Bebes sobre todo agua? Nuestro cuerpo necesita agua entre otras cosas para conseguir una adecuada absorción de los alimentos. Estar convenientemente hidratado proporciona también otros beneficios.

Llegados a este punto haz una lista de qué podrías cambiar en tu dieta y cómo podrías hacerlo. Comienza con cambios sencillos y ve ampliándolos de forma paulatina.

Idea 6. Habitúate a escribirlo todo

P   Durante el día estoy demasiado ocupada para escribir todas estas cuestiones, y al final del mismo olvido algunas cosas. ¿Qué me aconsejas para mantener mi diario actualizado?

R   *La idea de un diario de comidas te puede resultar algo excesiva, pero está demostrado que la gente que lo lleva, al final es la que consigue perder más peso. Te resultaría más útil tomar pequeños apuntes a lo largo del día que intentar recordarlo todo por la noche. Además si te obligas a sacar tu diario antes de comer algo, también te ayudará a reconsiderar si lo que has elegido para comer es lo más adecuado.*

P   Por mi trabajo he de comer frecuentemente fuera de casa. ¿Cómo esperas que controle mi dieta o qué lleve un diario?

R   *Esta es una gran excusa. Que tengas que comer fuera de casa no significa ni que tengas que comer mucho, ni que no puedas seleccionar lo que comes. Es decir, nada de salsas ni fritos. Opta por una buena ensalada aliñada con vinagreta mejor que con mayonesa. Toma fruta en el postre y evita los dulces. Di sí a la carne a la plancha y mantén las salsas tan lejos de ti como puedas. ¡No es tan difícil!*

Nunca es tarde
para cambiar de hábitos

¿Has estado a régimen anteriormente? ¿Has perdido peso y después lo has recuperado perdiendo toda motivación? Cambia tus hábitos. Utiliza tu mente para avanzar.

Tengo una amiga que ha hecho casi todos los tipos de dietas conocidos: hiperproteíca, la de la sopa de tomate, barritas o batidos que sustituyen a la comida, «sólo alimentos que teóricamente no engordan»... y todas las que puedas imaginar. El problema es que no ha cambiado su forma de alimentarse, sus hábitos alimentarios.

Se suele poner a dieta como quien usa el autobús: se sube a un régimen y se baja en la siguiente parada a esperar que otra dieta pase por sus manos. Si pierde el siguiente autobús-dieta, no importa, ya llegará otro. ¿Quieres saber si ha conseguido perder peso? Pues claro que sí, ¡y recuperarlo!, hasta que otra vez vuelve a ponerse a dieta.

¿Por qué concebimos las dietas como algo temporal? Probablemente porque la mayoría de ellas no nos enseñan a comer saludablemente ni nos ayudan a tener una actitud saludable frente a la comida. Es más, en mucha de ellas existe algún grupo de alimentos prohibidos, lo cual, dependiendo del grupo, no sólo resulta poco saludable sino que hasta puede llegar a ser peligroso si mantienes la dieta durante un período prolongado de tiempo.

Por ejemplo, las dietas en que sustituimos la comida por barritas, batidos o papillas, aunque compensadas nutricionalmente, no te ayudarán a aprender a comer de forma saludable. Si una dieta te promete una rápida pérdida de peso, puedes apostar a que será a base de consumir una cantidad significativa de calorías menos de lo habitual, ¡y no gracias a las bondades de una mágica enzima come-grasas encontrada en una fruta tropical o en las algas del Pacífico! Con este tipo de dieta, sólo perderás agua y masa muscular.

Una buena idea

No tomes refrescos habitualmente. Un estudio de la asociación americana de diabéticos revela que tomar regularmente una lata de refresco al día incrementa tu riesgo de padecer diabetes en un 85%. Tomar una lata de refresco al día durante cuatro años supondría además una ganancia de peso en torno a 6 Kg.

Las dietas pueden resultar de lo más aburrido, sobre todo aquéllas que son muy estrictas acerca de lo que puedes o no puedes comer. Además de que el aburrimiento te lleve a soñar con chocolatinas y bombones a todas horas, resultan muy difíciles de seguir cuando vas a comer a casa de alguien. ¡Tu suegra debe de quererte mucho para preparate tu comida de régimen además del menú normal para los demás! Acéptalo, una dieta de este tipo, puede ser difícilmente integrada en tu vida cuando tienes más familia a la que alimentar, tienes largas jornadas de trabajo o éstas se desarrollan a horas poco habituales y con diferentes turnos.  Entonces se apodera de ti el hambre, los rugidos estomacales y los mareos, para finalmente acabar con retortijones a causa de la comilona que nos acabamos dando. Es la hora del sentimiento de culpabilidad y de buscar otra dieta que esperemos seamos capaces de llevar mejor.

Idea 7. Nunca es tarde para cambiar de hábitos

Mucha gente que realmente quiere perder peso, se bloquea con tantas dietas. ¿Cuál es la que va a funcionarme? No existe un único camino para perder peso. En realidad lo importante es que desarrolles una combinación de medidas que sean efectivas para ti, teniendo claros algunos principios básicos.

Otra idea más

¿Quieres afinar aún más tu silueta? ¿Realmente se pierden centímetros con las cremas adelgazantes? Ve a la IDEA 27, *¿Pueden los productos de belleza ayudarte a adelgazar?*

En primer lugar, muy probablemente, habrás de cambiar tu idea acerca de lo que es una dieta y de cómo perder peso. Los tipos de dietas antes mencionados no van a ayudarte. Para perder peso y no recuperarlo tienes que cambiar tus hábitos alimentarios y tu estilo de vida permanentemente. Antes de que decidas dejar de leer este libro y salir corriendo recuerda que lo que quieres es perder peso y mantenerte y esto es un objetivo a largo plazo (no un tema de cuatro semanas para luego recuperar lo que habías perdido y algo más). No es necesario hacer rápidamente grandes cambios, pero pequeñas modificaciones en tu vida diaria, introducidas paulatinamente te acabarán dando grandes resultados.

Por otro lado es también fundamental que te fijes un objetivo realista. La meta es conseguir lo mejor de nosotros mismos sin atentar contra nuestra salud, no convertirnos en un insecto palo. Comer equilibradamente, incluyendo una gran variedad de frutas y verduras en nuestra dieta, pero también proteínas, hidratos de carbono y algo de grasas.

La frase

«Nunca me han preocupado las dietas. La única talla que me interesa es la de los diamantes».

MAE WWEST

Una dieta equilibrada es fundamental para nuestra salud y contribuye a mantenernos motivados. Recuerda que es necesario mantener un control sobre las cantidades consumidas.

Incrementar tu actividad física también te resultará de gran ayuda. El ejercicio te ayudará a sentirte mejor, moderará tu apetito y, combinado con la dieta, hará que pierdas peso más rápidamente.

Siguiendo estas instrucciones perderás peso de manera «lenta, pero segura» sin tener la sensación de que llevas toda tu vida a régimen. ¡Incluso puedes acabar disfrutando de ella!

¿Cuál es tu duda?

P Al no ser una dieta que prohíba ningún tipo de alimentos, ¿significa eso que puedo comer comida basura y cualquier otra cosa que quiera?

R *¡Para el carro! Una cosa es que puedas comer un poquito de eso que tanto te gusta y otra bien distinta es que te nombren cliente del mes de la hamburguesería de tu calle. El secreto es llevar regularmente una dieta saludable y que, de vez en cuando, te permitas algún «capricho gastronómico». Pero siempre de manera excepcional y en pequeñas cantidades. De esta forma, no te sentirás privado de aquello que tanto te gusta. Si la mayoría de las veces comes con sensatez, que alguna vez hagas alguna excepción, no va a afectarte tanto.*

P ¿Cómo podría dejar de sentirme hambriento todo el tiempo?

R *Intenta utilizar técnicas mentales para engañar a tu apetito. Por ejemplo visualiza tu «cantidad de hambre» e intenta darle una puntuación en una escala de cero a diez. De ocho a diez estarías famélico, de cinco a siete, hambriento y por debajo de cinco realmente no estarías muy hambriento. ¿Cuál es la puntuación de tu hambre en este momento? Probablemente se encuentre por debajo de cuatro, en cuyo caso puedes esperar a estar realmente hambriento para comer algo (por encima de seis, quizás). Cada vez que te sientas hambriento visualiza la puntuación de tu hambre y pregúntate si realmente tienes necesidad de comer. En resumen ¡plantéate antes de comer si efectivamente necesitas hacerlo!*

8

Una familiar especial de la casa y una mediana cuatro quesos

El camino hacia la obesidad se halla pavimentado con comida rápida y tentempiés, pero esto no significa que tengas que eliminarlos completamente de tu vida. Sólo has de comerlos con moderación.

Comer comida rápida y platos precocinados es habitual en muchos de nosotros. No hay que comprar la comida, no hay que cocinarla y no hay que limpiar la cocina. Es mucho más sencillo para los que estamos trabajando casi todo el día fuera de casa.

El principal problema de las comidas rápidas es que no puedes saber qué cantidad de grasas, hidratos de carbono, aditivos y sal estás ingiriendo realmente. Esto no es lo más recomendable ni para tu dieta ni para tu salud. Por ejemplo, algunos bocaditos de pollo se hallan muy alejados de ser una pechuga de estas aves y lo que realmente comes es un amasijo de despojos de pollo. Una hamburguesa de ternera, patatas fritas y una Coca-Cola para beber, constituyen, sin duda alguna, un icono del mundo occidental libre, pero también lo son de un mundo obeso que consume miles de calorías por encima de las que necesita (plagadas, además, de grasas saturadas).

Una buena idea

¿Por qué no comienzas tus comidas con una sopa? Te ayudará a disminuir la sensación de hambre y a no caer en la tentación del pan de ajo calentito o de picar algo inconveniente.

Está bien tomar de vez en cuando algo de comida rápida, pero sólo ocasionalmente. Siempre cabe la posibilidad de elegir comida más saludable y menos «engordante». Creo que optar por la comida basura a veces es sólo cuestión de pereza y rutina. Existen tres tipos principales de comida basura.

LOS FRITOS

- Lo bueno: aportan una gran cantidad de proteínas, vitaminas B6 y B12 así como un montón de minerales.

- Lo malo: son ricos en grasas y pobres en fibra. Si tomas una buena ración, puedes estar consumiendo más de la mitad de la cantidad diaria recomendada de grasa en una sentada.

- Prueba con: intentar equilibrar tu dieta con otra de las comidas del día. Empieza con una buena ensalada (en las grandes superficies puedes adquirirlas ya preparadas) que lleve alguna proteína baja en grasas como queso, pollo sin piel o atún. También puedes optar por preparar tu propio «pescaito con patatas», no es tan complicado hacerlo a la plancha. Hay patatas que vienen ya horneada y siempre puedes trocearlas y asarlas.

PIZZA

- Lo bueno: el queso y el tomate nos ofrecen proteínas, calcio y algunas vitaminas.

- Lo malo: si le añades pepperoni y extra de queso estarás incluyendo en tu dieta un montón de grasas.

Idea 8. Una familiar especial de la casa y una mediana cuatro quesos

Otra idea más

¿Es una ración pequeña, mediana o grande? Compara tu percepción del tamaño de las mismas con IDEA 10, *¿Por qué el tamaño (de tus raciones) sí importa?*

■ Prueba con: equilibrar la pizza con un guiso de pollo con muchas verduras que implica proteínas bajas en grasas, además de ser un guiso rico en fibra y vitaminas. También puedes intentar hacer tu propia pizza utilizando una base ya preparada. A mi me parece imposible hacer mi propia base, pero también puedes intentarlo. Tu pizza sería aún más sana utilizando harina integral que te aportará más fibra y nutrientes. Como ingredientes utiliza un montón de verduras, alguna proteína baja en grasa (pollo, pavo, ternera atún o *tofú*) y añádele queso para gratinar: le dará mejor sabor y engorda menos que el queso en porciones.

HAMBURGUESAS, PATATAS Y BATIDO

■ Lo bueno: una gran cantidad de proteínas, hidratos de carbono y calcio unidos a vitaminas A, B12 y riboflavina.

■ Lo malo: también conlleva una gran cantidad de grasas saturadas y sodio, siendo baja en fibra y plagada frecuentemente de aditivos.

La frase

«Tomamos un café en un restaurante de comida rápida donde nuestro pedido fue introducido en un ordenador. Nuestra hamburguesa, hecha de carne de vaca tratada químicamente, se hizo en una parrilla encendida con carbón artificial para después ser colocada entre dos cartones impregnados de sabor, también artificial, y por último nos la sirvieron unos delincuentes juveniles reinsertados».

JEAN MICHEL CHAPEREAY, AUTOR

■ Prueba con: reequilibrar tu dieta con otra comida que incluya pasta integral y verduras que te aporten la fibra y vitaminas necesarias. O bien, prueba a hacer tú la hamburguesa utilizando carne picada magra, sustituyendo las patatas fritas por asadas, añadiéndole una buena ensalada y eliminando el bollo de pan o sustituyéndolo por medio bollito integral. ¡Incluso puedes prepararte un batido bajo en calorías utilizando leche desnatada!

Cuando pidas comida para que te la lleven a casa o vayas al «burguer» sigue los consejos que a continuación te expongo para disminuir el número de calorías que vayas a ingerir, así como el exceso de grasas:

■ Evita los fritos y decántate por los braseados, a la parrilla, horneados o a la plancha sin salsa de queso.

■ Di no a las salsas de mantequilla o nata. Elige mejor una con base de tomate.

■ ¡Cuidado con el coco! (el fruto de la palmera). Parece inofensivo pero está plagado de grasas saturadas.

■ Si tomas arroz como acompañamiento, pide que sea hervido y no frito.

■ Huye del pan con mantequilla y de los apetitosos bollitos de pan de ajo previos a la comida.

Y sobre todo ¡Deja de comer cuando estés lleno!

La frase

«Un día de miles de calorías empieza con una simple hamburguesa».

CHRIS O'BRIEN, ESCRITOR

Idea 8. Una familiar especial de la casa y una mediana cuatro quesos

P   Adoro comer fuera de casa y tomar tentempiés. Lo intento, voy con mi mejor intención, pero al final sucumbo y acabo odiándome a mí misma.

R   *Si un día te pones hasta arriba intenta moderarte al día siguiente y comer sensatamente. Puedes poner en práctica estas ideas y ver si te son útiles: olvídate del pan y de cualquier aperitivo (tipo patatas fritas) con el que te obsequien mientras esperas a que te sirvan. Pide mejor dos entrantes que un entrante y un primer plato. Si puedes, intenta compartir el postre. Evita por completo cualquier tipo de rebozado, empanado, croquetas y empanadillas y no pidas nada con salsas «engordantes», como bechamel, holandesa…*

P   Mi compañera y yo comemos un día en semana en un chino o en un indio. ¿Qué es lo que puedo comer de allí?

R   *Resulta complicado evitar el ghee en los restaurantes indios (es una especie de mantequilla clarita), pero siempre será una buena opción evitar las salsas. Los kormas cremosos o los entrantes fritos como samosas y bhajis aportan una gran cantidad de grasas también, así que lo mejor que puedes hacer es ignorarlos. La mejor opción sería tomar pollo tandorii y gambas, brochetas de pollo a la parrilla, madras de pollo o gambas, verduras al curry, tortas, chapatas y raitas de arroz.*

En los restaurantes chinos, huye de los platos a base de rebozados y crujientes, como el pato crujiente, las gambas tostadas y los rollitos primavera. Inclínate por los revueltos y los platos al vapor en la medida que puedas.

Grasas: las buenas, las malas y las feas (realmente horribles)

Hay grasas «amigas» y grasas «enemigas».

Abusar de cierto tipo de grasas resulta perjudicial tanto para tu figura como para tu salud. Voy a darte unas pistas acerca de cómo hacerle una buena «liposucción» a tu dieta.

Es necesario que conozcas todo lo posible acerca de las grasas ya que son una fuente de calorías importante. De hecho, 100 gramos de grasas contienen más del doble de calorías que 100 gramos de hidratos de carbono o proteínas.

De igual modo que te hace ganar peso, una dieta rica en grasas (sobre todo, si son saturadas) contribuye a incrementar los riesgos de padecer enfermedades de corazón y cáncer de intestino y pulmón.

Pero no todo es malo; las grasas también son necesarias. De hecho contribuyen a la absorción de las vitaminas A, D, E y K. Ayudan a regular un montón de funciones corporales. Contribuyen a mejorar el sabor de los alimentos confiriéndole una textura más cremosa. El problema es que no todas las grasas son iguales y, por desgracia, solemos consumir mucha cantidad del tipo de las «grasas malas» y no suficiente de las «grasas buenas».

Deberíamos ser conscientes tanto de nuestros aciertos como de nuestros errores en el consumo de las mismas dada la repercusión que sobre nuestra salud tienen, más aún cuando intentamos perder peso. Las líneas generales son las siguientes:

- **Grasas saturadas.** Los alimentos que poseen un alto nivel de ácidos grasos saturados son la mantequilla, la leche entera, los quesos fuertes, la nata, la carne y derivados cárnicos, el aceite de palma y el aceite de coco. El objetivo es sólo incluir una pequeña cantidad de las mismas en nuestra dieta diaria. Puedes disminuir su consumo comprando siempre carne magra y eliminando los restos de grasa visibles antes de cocinarla. Y, ya sabes, siempre mejor a la plancha, a la brasa o asada que nadando en aceite o mantequilla.

Una buena idea

Adelante con el aceite de oliva virgen. «El aceite de oliva en tu cocina te ayudará a no tomar ninguna medicina.» Desde luego es fantástico, el único problema es que tendemos a usar demasiado. Es saludable, pero en exceso añade a nuestra dieta una cantidad innecesaria de calorías. Una cucharada sopera es suficiente para aliñar cualquier ensalada.

- **Grasas hidrogenadas o trans.** Este tipo de grasas se encuentran en los alimentos que han sido sometidos a un proceso de elaboración, tales como patatas fritas, pasteles, magdalenas, bizcochos, empanadas e incluso muchas marcas de margarinas. Comprueba minuciosamente que no aparezcan en las etiquetas y... ¡huye de ellas como de la peste!

- **Grasas no saturadas.** Este tipo de grasas se divide a su vez en grasas monoinsaturadas y polinsaturadas. Las grasas monoinsaturadas se encuentran en el aceite de oliva, en el de de nuez y también en los aguacates y

Idea 9. Grasas: las buenas, las malas y las feas (realmente horribles)

semillas. Resultan beneficiosas para el corazón y constituyen una excelente alternativa a las grasas saturadas; pero, también engordan, con lo que han de consumirse siempre con moderación. Las grasas polinsaturadas aparecen en la mayoría de los aceites vegetales y de pescado, así como en los pescados grasos. Al igual que las anteriores y por los mismos motivos, aunque indudablemente mejores que las saturadas han de consumirse de forma moderada porque poseen un alto contenido calórico.

Otra idea más

¿Te has fijado si tu almuerzo está plagado de calorías? Ve a la IDEA 13, *¡Vamos a preparar la comida!*».

Sobre todo ten en cuenta que las grasas deben suponer una tercera parte del total de las calorías que consumimos al día. Y dentro de las mismas, las saturadas no deben suponer más del 10% de tu ingesta total diaria. Para reducir las grasas que consumes tendrás que echarle un vistazo a tu dieta. Por ejemplo, si te gusta mucho la leche, intenta tomarla desnatada o semidesnatada en vez de entera. En el mundo occidental, sobre todo en Estados Unidos y Reino Unido, se consumen una gran cantidad de grasas saturadas. Los que vivimos en el sur de Europa solemos tener una dieta más saludable comiendo diariamente más pescado, más aceite vegetal y más fruta. Y, en general, la dieta mediterránea, es una dieta equilibrada en la cual se incluyen muchos alimentos frescos y se evitan los procesados.

La frase

«Excepto por la viña, no existe otra planta que dé frutos tan importantes como el olivo».

PLINIO

¿Cuál es tu duda?

P Si lleno mi despensa de productos bajos en grasas y «light», tengo que adelgazar ¿no?

R *Hay que tener mucho cuidado, ya que mucho de estos productos «light» poseen un porcentaje de calorías muy superior a los que no han sido tratados, con lo que podrías consumir sin saberlo más calorías de las necesarias. Lo mejor es comparar las etiquetas del producto «light» con su versión estándar.*

P ¿Cuántos gramos de grasa puedo comer al día?

R *Para la mayoría de los adultos sanos, 70 gramos para las mujeres y 95 para los hombres, constituyen una cantidad más que suficiente. Si estás intentando perder peso, debes reducir esta cantidad. Por ejemplo, si llevas una dieta de 1800 calorías no deberías consumir más de 63 gramos de grasas.*

P He oído hablar de unas pastillas adelgazantes con ácidos grasos. ¿Sirven para algo?

R *El ácido linoléico conjugado (CLA, conjugated linoleic acid) es un ácido graso que se encuentra de manera natural en diversos alimentos (lácteos y carne de vacuno sobre todo). En los años noventa algunos investigadores descubrieron que el CLA jugaba un papel muy importante en el mantenimiento de bajos niveles de grasa en el cuerpo, al mismo tiempo que ayudaba a crear tejido muscular. Otros estudios pusieron de manifiesto que el CLA podía mejorar la proporción grasa-músculo de nuestro organismo. Sin embargo, no te confundas. Aunque te pueda ser de utilidad, una pastilla que contenga este ácido no constituirá una dieta milagrosa que te vaya a hacer perder 10 kilos en una semana. Sólo una combinación de disminución de comida y aumento de actividad física te ayudará realmente adelgazar.*

10

¿Por qué el tamaño
(de tus raciones) sí importa?

No sólo lo que comes es importante a la hora de perder
peso, sino cuánto comes. ¿Seguro que controlas el tamaño
de tus raciones?

¿Cómo crees que debería ser una ración, pongamos por caso, de cereales o de carne?
Espero que estés sentado porque es probable que te desmayes. (A mí me ocurre cada vez
que lo veo por escrito).

Dentro del marco de una alimentación saludable una ración de cereales
para el desayuno debe de pesar aproximadamente unos 30 gramos y una
de carne de 60 a 90. Los cereales pertenecen al grupo de alimentos de los
cuales podemos tomar de 6 a 7 raciones al día… ¡pero a mí no me resultaría difícil comerme todas las raciones de la jornada en el desayuno! El
grupo de la carne incluye también pescado, legumbres, huevos, nueces. De
este grupo debemos de tomar de 2 a 3 raciones diarias y, sin embargo, con
qué facilidad tomo más de seis.

El tema es que la mayoría de nosotras comemos demasiado y hemos
perdido la noción de lo que debería ser una ración. Esto viene motivado
por varias cuestiones. Probablemente la más importante sea el hecho de que
siempre tenemos comida a nuestro alcance. No tenemos que molestarnos

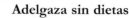

en ir a cazar o recolectar, ¡sólo hemos de ir al supermercado! Por otro lado, cuando compramos algo (sea o no de comida) solemos buscar la mejor relación calidad, cantidad, precio; ¿y qué mejor relación que ofrecer raciones más grandes al mismo precio? Cuando cocinamos en casa pasa exáctamente lo mismo, solemos preparar comida para cuatro o seis cuando contamos con que vengan a comer de dos a cuatro personas. Controlar el tamaño de las raciones es fundamental si queremos perder peso, pues aunque nos ciñamos a los alimentos permitidos, si comemos demasiada cantidad no conseguiremos perder.

Una buena idea

Utiliza zumo de limón. Los cítricos son una fuente importante de vitamina C y contienen también fitonutrientes llamados limonoides que ayudan a rebajar el nivel de colesterol. Dichos fitonutrientes se encuentran concentrados en la piel, así que intenta incorporar cáscaras de cítricos a tu cocina (en salsas, guarniciones…).

Si queremos seguir una dieta nutricionalmente saludable, la lista que adjuntamos a continuación nos indica el tipo de alimentos que debemos tomar. La cifra de raciones diarias recomendadas se ofrece dentro de un rango, por ejemplo, de 6 a 8 raciones. La cifra más alta será la recomendada para hombres que realicen una actividad física diaria importante, la mayoría de nosotros, sobre todo las mujeres de vida sedentaria, debemos tomar en cuenta la cifra más pequeña. A fin de que no tengas que ir  con la lista a todas partes, ni pesar o medir constantemente lo que comes, te ofrecemos equivalentes porcionables, fácilmente identificables a simple vista. Por ejemplo, hablamos de una rebanada de pan de molde en vez de 30 gramos de este alimento.

Idea 10. ¿Por qué el tamaño (de tus raciones) sí importa?

Otra idea más

Para dejar de pensar en el tamaño de tus raciones, date un chapuzón. Hará que dejes de comer y de pensar en la comida.

Pan, cereales, arroz y pasta (6-11 raciones)

Una ración sería igual a:

1 rebanada de pan de molde o un trozo de pan, del tamaño de una cinta de casete

1 bollito pequeño de pan

2 cucharones colmados de arroz cocido

2 cucharones colmados de pasta cocida

2 rebanadas de pan tostado

2 patatas del tamaño de un huevo

3 cucharones de cereales

Otra idea más

Nadar consume calorías y lo puedes convertir fácilmente en una especie de entrenamiento con un montón de ventajas. Ve a la IDEA 26, *¿Te apetece un chapuzón?*

Frutas y verduras (2-4 raciones de fruta y 3-5 de verduras)

Esta cifra está basada en las recomendaciones Americanas. En Europa las raciones de fruta recomendadas son, al menos, cinco.

Una ración es igual a:

2-3 piezas pequeñas de fruta (del tamaño de una ciruela)

1 cucharón colmado de frutos secos como pasas

1 tajada mediana de melón o sandía

1 cuenco de desayuno de ensalada

3 cucharones colmados de verduras cocinadas (zanahorias, por ejemplo)

La frase

«Una persona obesa vive menos, pero come más».

STANISLOW LEC, POETA POLACO SATÍRICO

Carne, pescado, huevos, nueces y legumbres (2-3 raciones diarias)

Una ración sería igual a:

60 a 90 gramos de carne magra ya cocinada, ave o pescado (más o menos equivaldría al tamaño de un naipe o de la palma de la mano)

150 gramos de pescado blanco

120 gramos de soja, tofú o *quorn*

5 cucharones de legumbres cocinadas

2 cucharones de frutos secos

Leche, yogur y queso (2-3 raciones diarias)

Una ración sería igual a:

200 ml de leche

1 yogur

90 gramos de queso blanco

30 gramos de queso duro tipo cheddar o similar (aproximadamente el tamaño de una caja de cerillas)

La frase

«Nunca comas más de lo que puedas levantar».

MISS PIGGY

Idea 10. ¿Por qué el tamaño (de tus raciones) sí importa?

P ¿Cómo esperas que coma esas raciones tan pequeñas?

R *Intenta beber mucha agua. A menudo confundimos la sed con el hambre y no bebemos toda el agua que necesitamos. Espacia tus comidas tomando tentempiés saludables entre ellas, así nunca te sentirás hambrienta. Y no olvides que siempre puedes atiborrarte de ensalada. Aunque parezca imposible, ¡puedes llegar a sentirte llena con la ensalada!*

P ¿Son todas las verduras igualmente buenas?

R *La mayoría de las verduras contienen gran cantidad de agua, así como maravillosas vitaminas, minerales y fibra. Pero hay un grupo de ellas que además contiene almidón y aportan un mayor número de calorías. Intenta comer más de las verduras con alto contenido en agua y menos de aquéllas que poseen almidón, como las patatas, los guisantes, el maíz y los nabos. En las verduras que poseen un alto contenido acuoso desde los espárragos hasta los calabacines, tienes vía libre.*

P ¿Existe otra forma, más saludable, para comer legumbres, además de los potajes y guisos?

R *¡Claro que sí! Además de hervirlas y servirlas como guarnición de un plato de carne, puedes preparar estupendas ensaladas y utilizarlas como plato principal de tu menú. Existen muchas recetas de otros países que incluyen legumbres cocinadas de muy diversas formas, piensa en el tofu, hecho de soja. De todas formas si no estás acostumbrada a cocinar legumbres, no te gusta cocinar o no tienes tiempo, siempre puedes recurrir a las legumbres de la lata.*

11

Con amigos como yo, ¿quién necesita enemigos?

¿Qué sentimientos te inspira tu cuerpo? Tener una imagen pobre de nosotras mismas es casi una garantía de que vamos a saltarnos la dieta. Así que, ¡tendrás que aprender a quererte un poquito!

Conozco a un hombre que a primera vista puede parecer un payaso. Ciertamente presenta un aspecto cómico con su pelo naranja, su sobrepeso y sus gafas con cristales de culo de botella, pero él ¡está realmente convencido de que es adorable!

Siempre tiene éxito con las chicas porque, la verdad, es fabuloso. Es amable, divertido e inteligente. Su secreto radica en que no tiene problemas con su aspecto: se quiere.

A lo largo de mi carrera como periodista, he entrevistado a muchas mujeres hermosas que, sin embargo, siempre se quejan de alguna parte de su cuerpo: su tripa, su trasero, su celulitis. Se ven feas y con un montón de defectos. Y este mal no es patrimonio exclusivo de mujeres, también existen hombres guapísimos preocupados por el aspecto de su tripa o de su pecho. En resumen, ninguno estamos exentos de estar disconformes con nuestro aspecto, pero existen personas que consiguen llevarlo mejor que otras.

Una buena idea

Muchas veces las personas gorditas nos vestimos de negro porque nos ayuda a parecer más delgadas, ¡pero también resulta un poco deprimente! Prueba con un toque de color, te ayudara a levantar el ánimo. Utiliza el rojo como sinónimo de energía, el azul para sentirte comunicativo, el verde para los encuentros emocionales, el amarillo para los intelectuales y el morado cuando quieras transmitir calma.

Ya sé, no es una tarea fácil en una sociedad en que la prima la degaldez y el aspecto físico y en la que las personas que tienen sobrepeso sufren rechazo. Es una realidad que se extiende tanto al mundo laboral como a las relaciones sociales, por lo que es muy importante tu autoestima. La cuestión es que si no te quieres a ti misma, acabas entrando en un círculo vicioso que afecta a tu carácter y personalidad: te ves mal (gordo); te enfadas contigo y con los demás; los demás te rechazan; te autocompadeces (soy gorda y estúpida); comes más y peor y… sigues engordando.

Si no te gustas a ti misma te va a resultar realmente complicado conseguir que cambie tu estilo de vida para conseguir perder peso. A menudo esta forma de pensar va acompañada del hábito de compararnos con los demás constantemente, sobre todo con modelos y celebridades. Hemos de tener en cuenta que esta clase de gente vive de su aspecto, motivo por el cual gasta gran cantidad de dinero en productos, actividades y profesiona-

les que le ayuden a mantenerlo. Incluso muchas de las imágenes que nos llegan de ellos han sido retocadas y mejoradas para eliminar arrugas o algún pequeño michelín. Compararnos con este tipo de personas no nos llevará a ninguna parte y nos hará sentirnos mal. Así que regla número uno: ¡ni se te ocurra!

Es necesario que consigas tener una visión realista de cómo puedes llegar a ser: igual que ahora, pero con una silueta mejorada. Una vez conseguido esto, pasemos a otros trucos-técnicas para mejorar tu autoestima:

Idea 11. Con amigos como yo, ¿quién necesita enemigos?

Pon por escrito todas las cosas que te gustan de ti misma, formúlalo en frases positivas y repítelas todos los días. Si te cuesta, ¡no te desanimes! Pídele a una amiga o familiar que escriba todas las cosas que le gustan de ti. Nunca se sabe, puedes acabar descubriendo algo sobre ti misma que desconocías.

Otra idea más

Centrarse en conseguir un peso saludable es un objetivo realista. Si quieres saber más sobre peso y talla, vuelve a la IDEA 1, *Un tema pesado o una cuestión de peso*.

Si alguien te hace un cumplido, no lo rechaces, no te disculpes por él, no lo estropees con frases como «Gracias, pero necesitaría perder algo de peso». En su lugar, inténtalo con frases como «Gracias, la verdad es que me siento genial, ¿qué tal tú?».

El ejercicio es bueno para fortalecer la imagen que tienes de ti misma: no sólo verás los resultados físicos, sino que «sentirás» otros beneficios tales como la satisfacción de hacer algo bueno por y para ti misma, al igual que una placentera sensación de bienestar.

Finalmente, en vez de considerar tu cuerpo como un conjunto de partes defectuosas que siempre pueden ser mejoradas, céntrate en verlo como un todo y en todas las cosas maravillosas que has hecho o harás con él: abrazar a alguien, correr una maratón, tener un hijo, construir algo… Es tu lista, termínala tú.

La frase

«Obviamente, Dios decidió hacerme voluptuosa. ¿Quién soy yo para enmendarle la plana a Dios? Mi cuerpo es una obra de arte, no voy a quejarme de cómo ha sido esculpido».

DREW BARRYMORE

¿Cuál es tu duda?

P   Soy muy consciente de mi peso y me aterroriza conocer gente nueva. ¿Qué puedo hacer?

R   *Conocer a gente nueva resulta desalentador para la mayoría de las personas, tengan o no sobrepeso. Existen estudios que demuestran que ¡todos nos vemos peor de lo que en realidad somos! Lo mejor es utilizar el lenguaje corporal para transmitirle a la otra persona que tienes confianza en ti misma y puedes resultar interesante. En vez de rehuir la mirada y caminar encorvada, permanece derecha y estrecha su mano con fuerza mientras le miras a los ojos. Si estás sentada en una mesa inclínate hacia la persona con la que estés hablando. De esa forma demostrarás que estás verdaderamente interesada en lo que tiene que decirte.*

P   La imagen tan pobre que tengo de mí mismo acaba influyendo en todas las áreas de mi vida. Algunas veces me siento tan mal que soy incapaz de hacer nada. ¿Cómo puedo cambiar?

R   *Prueba con el ejercicio de «la rueda de la vida» (es mi técnica de entrenamiento vital favorita). Dibuja un círculo y divídelo en ocho segmentos. Nombra cada uno de estos segmentos de forma que cada uno de ellos represente un área de tu vida diferente (apariencia, peso, salud, dinero, trabajo, amor…). Considerando el centro del círculo como 0, esto es, satisfecho, y el borde exterior como 10, insatisfecho, haz una cruz en cada segmento en el punto que determine cómo te sientes en esa parcela de tu vida. Cuando hayas terminado une las cruces. Las tres áreas en las que te sientes más insatisfecho (la cruz está más cercana al borde), son aquéllas en las que necesitas centrarte. En cualquier caso si te sientes mal mucho más a menudo que bien, debes acudir al médico y solicitar ayuda especializada. El médico puede sugerirte multitud de cosas que te ayuden a encontrarte mejor. Por lo tanto, en vez de sufrir, haz un esfuerzo y encuentra una solución.*

12

El ejercicio es tan bueno como dicen, ¡de verdad!

Probablemente odies hasta el mero pensamiento de hacer ejercicio. Sin embargo, hacer algo de deporte supondrá un cambio en tu estilo de vida y te ayudará a perder peso. Además, una vez incluyas en tu vida el hábito de hacer ejercicio, ¡no querrás dejarlo!

Creo que la razón por la que muchas rehusamos hacer ejercicio en la edad adulta es porque nos quedamos empachadas de las clases de educación física de cuando éramos niños. Detestaba esta clase porque no servía para practicar ningún deporte concreto.

En el colegio la educación física era sinónimo de dar cinco vueltas corriendo al patio con una temperatura de bajo cero en invierno, seguido de una ducha fría. Sin embargo cuando crecí hice un descubrimiento sorprendente ¡la práctica de cierto tipo de ejercicio podía resultar hasta agradable! Para mí fue determinante la moda del «aeróbic a lo Jane Fonda». Me  encantaba colocarme las mallas, mis calentadores, el cintillo para el sudor y ponerme a dar brincos como una loca durante una hora. Esto fue hace veinte años y todavía voy al gimnasio cuatro o cinco veces a la semana.

Aquí está la clave para incorporar el ejercicio a tu vida: conseguir divertirte con él. Hay opciones para todos los gustos. Unos prefieren nadar, otros correr o jugar al tenis. Existe una gran variedad de clases de gimnasia: desde aquellas que requieren desarrollar una gran coreografía a esas otras que se limitan a movimientos nada complejos. No hay excusa para, al menos, no intentar hacer alguno de ellos. Si realmente no te gusta la gimnasia, puedes caminar: ¡es un ejercicio estupendo! Es fácil adoptar el hábito de caminar regularmente. Pon un pie detrás del otro, sal de tu casa y sigue caminando.

Una buena idea

Mantén apagado tu televisor durante una semana. Si ves televisión más de cuatro horas al día seguramente consumirás más calorías de las que necesitas porque mientras estás sentado frente al televisor quemas pocas calorías y tienes oportunidad de «picar».

¿Por qué insisto tanto en el ejercicio? Voy a darte siete razones «de peso».

- El ejercicio te ayuda a quemar calorías. Puedes perder peso si reduces la ingesta de calorías, pero si lo combinas con un aumento de tu nivel de actividad, esta pérdida será más rápida. Me encanta comer, hacer ejercicio supone que puedo comer más. No perderé peso, pero consigo mantenerme estable. Además cuando haces ejercicio estás desarrollando tu musculatura y moldeas tu figura. Aumenta tu tono muscular y ya sabemos que la masa muscular consume más energía que la grasa.

- El ejercicio te proporciona un «subidón». Probablemente hayas oído hablar de esta sensación que experimentan las que practican deporte durante una sesión: se sienten felices, casi eufóricos. En opinión de los expertos esto es debido a la combinación de varios factores: la liberación de endorfinas (hormona que enmascara el dolor y produce una sensación de bienestar) y la secreción de neurotransmisores en nuestro cerebro (que controlan nuestro humor y nuestras emociones y proporcionan

Idea 12. El ejercicio es tan bueno como dicen, ¡de verdad!

una agradable sensación de victoria, de logro). Pero independientemente del motivo por el que sientas este subidón, no hay duda de que es bueno para ti.

■ El ejercicio, además ayuda a aumentar tu confianza. Cada vez que haces ejercicio o practicas algún deporte estás haciendo algo bueno para ti; y eso mejora tu humor. Cuando comienzas a ver los resultados en el espejo, tu autoestima se dispara. Tan pronto como los resultados comiencen a ser evidentes te resultará más fácil seguir con tu dieta.

Otra idea más

¿Podría una dieta de desintoxicación acelerar la pérdida de peso? Ve a la idea 20, *Dietas de desintoxicación, ¿cura o estafa?*

■ El ejercicio reduce el apetito. Por un lado te mantiene ocupada y alejada del frigorífico. Por otro, ralentiza el tránsito intestinal haciendo que tardes más tiempo en sentirte hambriento.

■ El ejercicio te ayuda a mantenerte. Normalmente cuando te has trazado un plan de pérdida de peso basado únicamente en el seguimiento de una dieta resulta bastante difícil mantener dicha pérdida en el tiempo. Una vez alcanzado el objetivo sueles ser un poco menos estricta contigo mismo y empiezas a recuperar peso. Diversos estudios demuestran que las personas que combinan ejercicio y dieta consiguen mantener un peso estable a lo largo del tiempo.

■ El ejercicio puede resultar divertido. Además te ayudará a ampliar tu círculo de amistades: conozco a varias personas que han encontrado su pareja en el gimnasio. Y no pienses que toda la gente que va al gimnasio es guapa, alta delgada y maravillosa. Sólo los gimnasios caros y elitistas están llenos de gente delgada y rica cuyas bolsas de Louis Vuitton son el peso más grande que han tenido que soportar en toda su vida. Evita este tipo de gimnasios a menos que estés buscando a alguien guapo, delgado y rico.

■ Según un estudio del Instituto de Investigaciones de Nueva Inglaterra, la práctica regular de un ejercicio vigoroso disminuye el riesgo de impotencia en los varones.

La frase

«Si crees que conocer gente nueva es duro, prueba a recuperar la pelota de golf después de un mal golpe».

JACK LEMMON

¿Cuál es tu duda?

P Había pensado en hacer yoga. ¿Crees que esto me ayudará a perder peso?

R *El yoga, al igual que otros ejercicios en los que se trabaja el cuerpo y la mente son fabulosos para flexibilizar y tonificar la musculatura. Además resultan estupendos para enseñarte a tomar conciencia de los puntos débiles y fuertes de tu cuerpo así como para combatir el estrés. Sin embargo, para consumir un número significativo de calorías necesitas practicar algún tipo de ejercicio que conlleve movimientos rápidos, aumento del ritmo cardiaco y te haga sudar. Por ejemplo, caminar a paso ligero o hacer aeróbic. Nadar o montar en bici son también buenos ejercicios aunque el consumo de calorías es menor ya que en ninguno de ellos has de soportar el peso de tu cuerpo. Eso sí, por esta misma razón pueden resultar más beneficiosos para personas que no pueden sobrecargar su musculatura o su rodilla. De igual forma deportes como el baloncesto, el fútbol o el rugby constituyen estupendas alternativas a los entrenamientos de gimnasia. Las actividades más sedentarias como el golf no son lo mismo, pero si tu idea era, precisamente, practicar golf, no la deseches. Hacer cualquier tipo de ejercicio es mejor que nada y si te diviertes practicándolo seguirás haciéndolo.*

P ¿Las tareas domésticas constituyen un buen ejercicio para mantenerse en forma?

R *Comparándolas con una clase de gimnasia o con correr es obvio que no se queman las mismas calorías: ¡necesitarías que tu casa fuera un castillo! Así que si bien las tareas domésticas no constituyen un deporte, sí debemos considerarlo como una actividad o ejercicio según la clase de tarea de que se trate. Planchar, limpiar el polvo y lavar son actividades ligeras que equivalen a caminar a una velocidad de cuatro kilómetros la hora; no se consumen muchas calorías. Limpiar ventanas, pasar la aspiradora y cortar el césped son considerados como ejercicio moderado y equivalen a caminar con paso rápido o a jugar un partido de dobles de tenis; te ayudan a quemar calorías más rápidamente.*

13

¡Vamos a preparar la comida!

Si no es un problema de cantidad, a lo mejor el modo de preparar tu comida puede ser lo que te haga engordar. Preparar una comida medianamente saludable es fácil si sabes cómo hacerlo.

En un mundo perfecto todos tendríamos una comida cocinada a fuego lento y con amor por un cocinero experto en dietética. Incluso habría tiempo de echarse una pequeña siesta mientras alguien limpia la cocina.

En un mundo perfecto todos nos pareceríamos a Kate Moss y George Clooney y tendríamos un millón de euros en el banco. Pero en el mundo real, tanto si trabajamos dentro como fuera de casa, solemos comer como los pavos algo bien cargado de grasas que compramos también a toda prisa en la tienda de la esquina.  O comemos de pie con la puerta del frigorífico abierta porque no tenemos tiempo para prepararnos la comida. ¿Nunca has llegado incluso a «saltarte» una comida por completo? Yo lo he hecho. Después, a media tarde, como no he comido, intento compensarme con un riquísimo chocolate o un elaborado café , lo cual es aún peor. El problema principal cuando te saltas una comida es que luego te sientes cansado y hambriento durante todo el día y acabas comiendo cualquier cosa. Para tu información te diré que un café manchado en taza de desayuno con leche entera te aporta unas 200 calorías y que un tazón de chocolate puede llegar hasta 500. Aprende a sustituirlo por café solo o con leche desnatada por el bien de tu cintura.

Para la mayoría de nosotras un sándwich o un bocata son la forma más sencilla de comer algo, pero lo cierto es que pueden estar repletos de grasas y calorías. Un sándwich de pollo, por ejemplo suele llevar dos rebanadas de pan de molde o un panecillo de pan blanco con pollo, mayonesa y lechuga. Examinemos alguno de estos ingredientes por separado:

- El pan blanco sea o no de molde nos aporta menos ventajas que el pan integral, llena menos y puede no saciar tus ansias de hidratos de carbono.

- La mayonesa está repleta de calorías: 100 gramos de mayonesa aportan 700 calorías y contienen 70 gramos de grasas. Incluso aún siendo mayonesa «light» pueden aportar 275 calorías y contener 25 gramos de grasa.

Una buena idea

Preparar tus propios sándwiches es la única forma de tener claro qué estás comiendo. Muchos sándwiches preparados contienen más de 6 gramos de sal, lo cual constituye el total de la cantidad diaria recomendada. Reducir de 10 gramos a 6 nuestra ingesta diaria de sal nos ayudaría a prevenir un montón de apoplejías y ataques de corazón. La sal contribuye además a la retención de líquido, lo cual hace que te sientas hinchada y más pesada.

Esto demuestra qué fácil resulta aumentar la ingesta de calorías sin apenas darse cuenta. Otros muchos sándwiches y bocatas contienen carnes grasas, beicon, salsas (cargadas de grasas saturadas), grandes lonchas de queso e incluso, sus rebanadas de pan han sido untadas generosamente con mantequilla. ¡Hasta el sándwich de aspecto más inocente puede estar plagado de azúcar y sal!

Entonces, ¿cómo debería ser un sándwich saludable? ¿Qué ingredientes debería llevar? Debería ser de pan integral, contener algún alimento

Idea 13. ¡Vamos a preparar la comida!

rico en proteínas magras tales como atún, pollo, jamón, queso *brie* o *cotagge*, y estar repleto de verduras y hortalizas que le aporten volumen y vitaminas (además de ayudar a saciar nuestro apetito).

Otra idea más

¿Sabías que la gente que desayuna se mantiene más delgada que la que se «salta» el desayuno? Si te interesa el tema, ve a la idea 18, *¡Levántate y desayuna!*

Obviamente debes olvidarte de la mayonesa. Si se trata de un sándwich comprado, me temo que tienes pocas alternativas, pero si lo preparas en casa debes intentar sustituir la mayonesa por una salsa baja en grasas que elabores tú mismo, aderezada con hierbas y especias.

Si te resulta aburrido comer de sándwich todos los días, ¡probablemente es que no eres una persona de sándwiches! Una buena ensalada de tomate, con pimiento, lechuga y otras verduras y hortalizas, unida a una fuente de proteínas baja en grasas constituyen siempre una buena opción. Pero, ¡cuidado con el aliño de la ensalada! No se trata de que la lechuga pueda hacer unos largos en la vinagreta, sino simplemente de aliñarla. Sería incluso mejor que sustituyeras la vinagreta por un aliño de limón y especias. Una patata cocida junto con una fuente de proteínas baja en grasas y una ensalada resultan también de lo más saludable, saciante y dietético. Recuerda tener cuidado con «el relleno» de los sándwiches preparados, pueden estar cargados de mayonesa.

En cuanto a los postres, no lo dudes: fruta siempre.

La frase

«En una comida debes tomar tanta cantidad como puedas abarcar con una mano».

SAMUEL JOHNSON

¿Cuál es tu duda?

P Suelo comer fuera de casa bastante a menudo. ¿Qué alimentos puedo elegir de forma que, siendo ligeros, no tenga la sensación de estar inmerso en otra aburrida dieta?

R *Puedes elegir una carne o un pescado a la plancha, un plato cocinado al vapor y un montón de verduras y hortalizas. Elige una salsa con base de tomate antes que con nata, siempre engordan menos.*

P ¿Cómo superar el bajón de media tarde?

R *Las comidas ricas en hidratos de carbono te pueden producir un bajón a media tarde. Intenta equilibrarlas con alguna proteína baja en grasas. La teoría es que el incremento de la proporción de proteínas frente a carbohidratos inhibe la producción de serotonina, la cual en grandes cantidades, produce somnolencia. Prueba a tomar pollo y ensalada o jamón y ensalada con sólo algo de pan.*

P ¿Estaría bien sustituir alguna comida por una botella de zumo o batido?

R *¡Realmente esto aporta una nueva dimensión al concepto de dieta líquida! No es malo de vez en cuando, pero no es la mejor alternativa desde el punto de vista de una dieta equilibrada. Estos alimentos suelen poseer un alto contenido calórico. Si lees la etiqueta del envase, comprobarás que aportan hasta 600 calorías. Si creías poder sustituir una comida con esto, porque es más ligero, ¡creo que deberías pensártelo dos veces!*

14

¿Eres un comedor compulsivo emocional?

Si te das cuenta de que muchas veces comes sin sentirte realmente hambrienta, quizás ha llegado la hora de que descubras qué intentas reemplazar con tanta comida.

Desde una perspectiva puramente física la comida es la gasolina de nuestro cuerpo, pero la relación que mantenemos con la comida es compleja. Es una historia repleta de amor y odio.

Leemos libros de cocina, vemos programas de TV acerca de ella y pagamos un montón de dinero para comer lo que alguien cocina para nosotros en un restaurante. A lo largo de la historia hemos ido adquiriendo hábitos y rutinas de comportamiento en torno a la comida que en la actualidad resultan completamente inapropiadas y en las que se halla la raíz del problema. ¿Cuántas veces hemos rebañado el plato sin apetito porque nuestra madre nos ha hecho referencia a los pobrecitos niños del tercer mundo que se mueren de hambre o que su generación no tuvo tanta suerte y huboqu e alimentarse a base de patatas, agua y pan? ¿Cuántas veces nos han intentado reconfortar con un dulce después de un momento de dolor físico o emocional? Realmente le conferimos a la comida un valor moral: algunas veces es mala y pecaminosa mientras que otras es buena y virtuosa.

Una buena idea

Come más despacio. Son necesarios 20 minutos para que la señal de estoy lleno llegue del estómago al cerebro. Dale a tu cuerpo el tiempo necesario para responder.

Todo ello la convierten en una relación complicada, tortuosa a veces, lo cual está bien si no tienes problemas de peso. Pero si los tienes y parece que la comida comienza a controlar tu vida recuerda que no estás sola. Miles de nosotras estamos firmemente decididas a avanzar en este sentido: mantener una buena relación con la comida. Necesitas descubrir por qué estás intentando aliviar tus sentimientos con la comida y qué puedes hacer para evitarlo.

El deseo de comer está instalado en nuestro cerebro y en él se ven implicados más de veinte diferentes mensajes químicos de nuestro cuerpo. Comer un alimento sano, apartará la sensación de hambre, pero no lo hará cuando sentimos la irrefrenable necesidad de comer algo en concreto. Si tienes hambre debes comer, pero si lo que ocurre es que necesitas comer por un motivo distinto del hambre, tienes que desarrollar estrategias para sobrellevar esa situación que te lleva a la comida. La mayoría de las veces, son emociones negativas como la infelicidad, el estrés o el aburrimiento las que nos conducen a la comida. Cada persona puede necesitar  un enfoque diferente. Las tácticas para sobrellevar estas situaciones que llevan a comer pueden incluir desde hablar con una amiga, hasta realizar alguna actividad física, compartir con alguien ese problema de trabajo que te está agobiando, pasando por planear un tiempo para ti, ya sea para ir de compras, darte un masaje o jugar al golf. La cuestión es identificar el dónde, cómo y cuándo se origina tu impulso y trabajar sobre ello, mejor que seguir con este chantaje emocional hacia tu dieta.

Idea 14. ¿Eres un comedor compulsivo emocional?

Otro tema puede ser el cansancio. De nuevo necesitas averiguar la raíz del problema. ¿Estás exhausta como consecuencia de la presión del trabajo o de ciertas relaciones personales? ¿O porque noche tras noche te vas a la cama demasiado tarde? La fatiga afecta a tu estado de ánimo, lo cuál te lleva a querer comer e intentar animarte. Esto a su vez hace que tu cuerpo le envíe a tu cerebro señales de hambre porque necesita más energía para poder continuar funcionando a lo largo del día.

Otra idea más

¿Todavía te sientes hambrienta? ¿Aún no controlas tu «impulso devorador» y estás desesperada por tomarte un sándwich? Me parece que tienes tu apetito fuera de control. Salta a la IDEA 22, *Lo quiero y lo quiero ahora*.

Mi perdición son el aburrimiento y el posponer constantemente todo. A menudo busco la respuesta de mi vida en el frigorífico, y puedo llegar a perder horas intentando encontrar la inspiración en una porción de tarta de queso mientras mordisqueo su crujiente base de galletas. La única solución es hacer algo más interesante que aquello que estás intentando posponer. Otra opción es que te marques pequeños objetivos, por ejemplo, terminar una tarea en una hora. Si lo consigues podrás recompensarte (no con comida, ¡claro!) antes de pasar a la siguiente tarea.

Y recuerda ¡no tienes que comerte todo lo que hay en tu plato!. Para empezar sírvete raciones más pequeñas. Si necesitas acallar tu sentimiento de culpa dona algo de dinero a obras de caridad por cada kilo que pierdas.

La frase

«En inglés, si deletreas estresado (stressed) al revés, encuentras la palabra postres (desserts). ¿Coincidencia? No lo creo».

ANÓNIMO

¿Cuál es tu duda?

P   He estado intentando comer más sano desde que me puse a dieta, pero no consigo encontrarme satisfecha. ¿Puedes ayudarme?

R   *Cuando hablas de comida sana, ¿te refieres a alimentos como pastel de arroz, apio y cosas así? ¿Alguna vez te gustaron estas cosas? Si no es así, no sigas por ese camino: nunca te van a llenar ni a satisfacer, nunca te van a hacer sentirte feliz. Busca algo que siendo saludable te guste y cómelo en pequeñas porciones si engorda mucho. Prueba a encontrar o elaborar una versión Light.*

    Tendemos a calificar los alimentos como buenos o malos, pero creo que esto es un hábito mal adquirido. La comida es sólo comida. Alguna es menos calórica o más nutritiva, pero es solo eso: comida. Desechar esta asociación de bueno o malo te permitirá alcanzar una actitud más favorable hacia la comida, lo cual te ayudará a perder peso.

P   ¿Por qué cuando me siento infeliz soy capaz de devorar una tarrina entera de helado?

R   *La comida rica en grasa no envía mensajes de saciedad al cerebro tan contundentes como lo hace la comida rica en proteínas y carbohidratos. Una comida con estos últimos elementos hará que no tengas hambre durante un largo período de tiempo; sin embargo, una comida rica en grasas te dejará una sensación de insatisfacción. Con respecto a la tarrina de helado, si no consigues quitarte la apetencia de helado de la cabeza prueba a servirte un poco en un cuenco y cómetelo muy, muy despacio.*

15

La importancia del agua

Es obvio que no podemos vivir sin agua, pero la mayoría de nosotros vive en un permanente estado de deshidratación. Descubre la multitud de beneficios que un aumento en la ingesta de agua aportará a tu organismo; desde el incremento de los niveles de energía hasta una mejora visible en el aspecto de tu piel.

Ojea las páginas de las revistas. Te darás cuenta de que la mayoría de los modelos y famosos portan una botella de agua o tienen una cerca de ellos.

Esto no es porque las compañías de agua embotellada les paguen una fortuna por promocionar sus productos (cosa que también ocurre), sino porque son conscientes de que el agua mejora el estado de su piel, les ayuda a tener un aspecto más saludable y evita que coman en exceso. El agua es un pequeño milagro. No podemos vivir sin ella más de cinco días, sin embargo, en circunstancias extremas podemos estar sin comer hasta un mes.

UNA LECCIÓN BÁSICA DE BIOLOGÍA

¿Sabías que aproximadamente el 60% del peso de un adulto es agua? ¿O que las dos terceras partes del agua presente en el cuerpo humano se hallan repartidas en los 50.000 billones de células del mismo?

El agua es importante. No constituye un nutriente por sí misma pero es el componente principal de las células, tejidos y sangre; es fundamental para la realización de numerosos procesos metabólicos como la absorción de nutrientes de la comida, la regulación de la temperatura del cuerpo, la lubricación de nuestras articulaciones y ojos y la eliminación de toxinas de nuestro organismo. Gastamos medio litro de agua diario sólo en respirar.

Una buena idea

Comprar una vajilla de colores pasteles puede influir en tu apetito. Un estudio realizado en Estados Unidos revela que los colores brillantes y estridentes estimulan el apetito mientras que los tonos pasteles lo hacen disminuir. Extraño, pero cierto.

DIME MÁS

Aproximadamente un tercio de nuestra ingesta diaria de líquidos proviene de la comida y no de las bebidas. La fruta, la verdura y las hortalizas aportan la mayor parte del agua; las ensaladas son fundamentalmente agua, por ejemplo. Nuestro cuerpo también consigue agua quemando grasas e hidratos de carbono. Los expertos estiman que necesitamos alrededor de litro y medio de agua diario para mantenernos en buen estado de salud, más si hace calor o si eliminamos mayor cantidad a través de la sudoración. Es difícil que alguien beba un exceso de agua, pero resulta sencillo no llegar a beber la suficiente. Beber menos agua de la necesaria durante un largo período de tiempo puede acarrear, entre otras cosas infecciones en el tracto urinario, piedras y molestias en el riñón. Además puede originarte dolores de cabeza, pérdida de energía y baja concentración.

La frase

«Es asombrosa la rapidez con que responde la piel si bebes litro y medio de agua al día. Esta cantidad ayuda a eliminar las impurezas de la piel».

HELENA RUBINSTEIN

Idea 15. La importancia del agua

Existen investigaciones que sugieren que el agua desempeña un papel fundamental en el mantenimiento de la hidratación cutánea y que ayuda a regular las emociones. Por lo tanto, si tu piel no presenta muy buen aspecto y te sientes triste y cansada, no lo dudes. ¡Lo que necesitas es agua!

Otra idea más

¿Vas a viajar al extranjero próximamente? Busca tu menú ideal entre los menús de la IDEA 24, *Vamos de viaje*.

Si tienes sed, esto indica que ya estás deshidratada. La sed es una señal que indica que existe una deficiencia de agua en las células. A menudo interpretamos esta sensación como hambre más que como sed, con lo que comemos en vez de beber. Esto nos lleva a una fácil e innecesaria ingesta de calorías. Uno o dos vasos de agua contienen cero calorías y te harán desaparecer la sensación de hambre. Es importante tener en cuenta la espiral de la deshidratación: No has bebido suficiente agua, por eso te sientes hambrienta y cansada, entonces picas algo, pero esto no te hace sentir mejor porque tú lo que estás es sedienta, comes más porque necesitas reponer fluidos; entonces comienzas a sentirte culpable por haber picado (o «pecado») y este sentimiento te lleva a volver a comer. Entras en una espiral de culpabilidad en la que te auto castigas comiendo aquellas cosas que más engordan. Rompe la espiral bebiendo con frecuencia estés o no sedienta. Ocho vasos de agua al día son un buen objetivo. Toma uno antes y después de cada comida, uno a media mañana y otro a media tarde.

La frase

«La gente suele asociar la ingesta de una mayor cantidad de agua sólo con un aumento de los niveles de energía y una disminución del riesgo de padecer determinadas dolencias tales como dolores de cabeza y resfriados. Sin embargo, existen evidencias que relacionan una buena ingesta de agua con la reducción del riesgo de padecer ciertas enfermedades crónicas».

DR JOHN BRIFFA CITA DE WWW.NATURALMINERALWATER.ORG

Adelgaza sin dietas

¿Cuál es tu duda?

P   ¿La temperatura del agua que bebes influye?

R   *No. Existe la creencia de que si bebes agua fría tu cuerpo necesita trabajar más para absorberla y, por lo tanto, quema más calorías en el proceso. La mayoría de los expertos opinan que esta afirmación no tiene sentido ninguno. Beber el agua a temperatura ambiente, fría o templada sólo depende de tus preferencias.*

P   ¿Debo beber agua del grifo, de manantial o agua mineral?

R   *Creo que debes beber lo que más te guste (siempre que se ajuste a tu bolsillo). El agua del grifo es perfectamente válida, pero si ha sido tratada con cloro y flúor a veces ofrece un sabor poco agradable. El agua de manantial proviene de fuentes del interior de la tierra, pero debe ser tratada de igual forma para eliminar las impurezas. El agua mineral proviene de un manantial determinado y es embotellada en origen sin ningún añadido (salvo el agua mineral con gas a la que se le añade dióxido de carbono). Dependiendo de los minerales que contenga y su proporción puede no ser apropiada para las personas con problemas de riñón o los bebés, resultando estupenda para el resto. Por lo tanto si quieres emplear tu dinero en agua mineral, adelante ¡disfrútala!*

16

Una clase magistral de metabolismo

Piensa en tu metabolismo como en un termostato interno
de energía: si lo activas consumirás calorías más rápidamente. Pero es necesario entender cómo funciona.

*Todos conocemos a alguien que es delgado como un palillo y que podría representar a
nuestro país si el comer fuera un deporte olímpico. Sin embargo, a mí los ingredientes de
cualquier ensalada se me acumulan en las caderas.*

Podemos achacar esta diferencia a tener un metabolismo más rápido o
más lento. Si fuera cierto, ¿realmente podemos influir en él? Antes de respon-
dernos a esta pregunta, es necesario que manejes una serie de conceptos
técnicos, pero tranquila ¡no vamos a examinarte al final del capítulo!

Cada día tu cuerpo emplea calorías en tres procesos diferentes. Primero, en mantener tu metabolismo basal. Este es el número de calorías
que tu cuerpo quemaría si permanecieras tumbado todo el día. Se trata de
la cantidad de energía que tu cuerpo necesita consumir para mantener
todas las funciones vitales, como hacer que tu corazón lata o que tus pul-
mones respiren. En estos procesos emplea un 60-75% del gasto total de

energía. En segundo lugar se encuentra el gasto correspondiente a la acción dinámico específica de los alimentos; el ADA o termogénesis, que es la energía que se utiliza para digerir la comida y mantener la temperatura corporal. En esto se emplea, aproximadamente, otro 10%. Finalmente la tercera parte de la ecuación viene constituida por el movimiento que realiza nuestro cuerpo y que abarca desde nuestra actividad diaria a la práctica de cualquier deporte. Este apartado puede suponer del 15 al 30% del consumo de energía.

Una buena idea

Durante la próxima semana lleva un diario en el que anotes qué y cuándo comes. Algunos expertos opinan que comer poco y a menudo aumenta tu tasa metabólica, ya que tu metabolismo incrementa la quema de energía en un 10% aproximadamente dos horas después de las comidas. Otros no están de acuerdo con esta afirmación aunque sí coinciden en considerar que grandes lapsos de tiempo entre comidas pueden originar una deficiencia nutricional.

Existen diferentes medios para calcular tu tasa de metabolismo basal, esto es, el número de calorías que necesita tu organismo a lo largo de un día. Veamos uno:

Anota tu peso en kilos, si tienes entre 18 y 30 años multiplícalo por 14,7 y después añádele 496. Esto te dará una idea de tu tasa. Si tienes entre 31 y 60 años multiplica tu peso por 8,7 y añádele 829. Ahora vamos a ver cuán activa eres. Si no sueles practicar ningún deporte y la mayoría del día estás  de pie o sentada, multiplica la cifra obtenida por 1,4. Si practicas algún ejercicio, como caminar, multiplica por 1,7 y si realizas ejercicio a lo largo del día, multiplica por 2. La cantidad final nos dará el número de calorías que consumes al día.

Idea 16. Una clase magistral de metabolismo

Otra idea más

¿Estás alcanzando tus objetivos de pérdida de peso? Vuelve a la IDEA 3, *Marcarse metas (sin cambiarlas todas las semanas).*

Volviendo a tu tasa metabólica. Los genes juegan un papel importante en ella. Algunas personas nacen «más aceleradas» que otras. No resulta posible modificar nuestra herencia genética. El conjunto de tu cuerpo marca también la diferencia. Lo alta que seas influye también en las calorías extra que necesita nuestro cuerpo para mantenerse. Si pierdes peso drásticamente y de forma rápida, tu tasa de metabolismo basal se ralentizará, lo cual al final interrumpirá tus esfuerzos para conseguir controlar tu peso. La mejor solución es aumentar la masa muscular, que como ya vimos, quema más calorías que la grasa. Algunos expertos opinan que dicho incremento puede suponer un aumento del consumo energético de nuestro organismo de entre un 8 y un 14%. Medio kilo de músculo consume 30-50 calorías diarias, por lo tanto si consigues aumentar tu masa muscular en medio kilo ¡consumirás 350 calorías extras a la semana! Es posible aumentar la masa muscular por diferentes métodos: ejercicios de pesas, de resistencia, estiramientos… cualquier ejercicio que ponga tus músculos en tensión es válido. Así, realizar ejercicios en el gimnasio con o sin pesas, dentro de una clase o libremente, es bueno incluso en el marco de una tabla de ejercicios coreografiados. También puedes intentar practicar ejercicios de estiramiento en casa con un vídeo. Lo importante es la frecuencia. Una o dos veces por semana marcará realmente la diferencia.

La frase

«Dos terceras partes de la gente que hace ejercicio dice que le ayuda a reducir el estrés».

DR JAMES RIPPE, CENTRO CLÍNICO Y DE INVESTIGACIÓN DEL ESTILO DE VIDA, CHICAGO

Adelgaza sin dietas

¿Cuál es tu duda?

P ¿No existen medicamentos que aceleran el metabolismo?

R *Sí, pero no son una buena idea. Las anfetaminas son un tipo de droga que aumenta la velocidad metabólica, pero sus efectos secundarios pueden ser muy graves (insomnio, depresión, ansiedad…). Suplementos y preparados con «hierbas» pueden también resultar peligrosos, ya que el que sea natural no significa que sea seguro.*

P ¿Es verdad que las dietas yo-yo desaceleran tu metabolismo?

R *Esto es así a corto plazo, pero las investigaciones más recientes sugieren que no existe evidencia de que se produzca con un efecto permanente. En cualquier caso no es inteligente hacer dietas yo-yo. Algunos expertos opinan que esa continua pérdida y recuperación de peso se puede traducir en el acúmulo de altos niveles de grasa. En cualquier caso, este tipo de dietas no mejoran nada tu confianza ni tu autoestima.*

P He estado haciendo ejercicios de estiramiento recientemente y al final ¡he cogido peso! ¿Por qué?

R *¿Ha variado tu silueta? Los músculos pesan tres veces más que la grasa y ocupan menos espacio, por lo que es posible que disminuyas una talla y peses más. En vez de llevar un registro de tu peso, hazlo de tus centímetros de pecho, cintura, caderas y muslos. Ir comprobando la diferencia puede resultar una buena motivación.*

17

Dulce tentación

¿Eres capaz de eludir la llamada del escaparate de una pastelería? ¿Te calificas a ti misma como adicta al chocolate? Aquí tienes cómo conseguir evitar que pasen de tu boca y se queden toda la vida en tus caderas.

El chocolate es como un buen amigo. Te anima cuando estás deprimida, te reconforta, es el mejor sustituto del amor y nunca te diría que se te ve un trasero enorme con tus vaqueros favoritos.

El sentimiento de bienestar que proporcionan tanto el chocolate como otros dulces es innegable. El chocolate te proporciona un «subidón» químico que aumenta la producción de los niveles de serotonina y endorfinas del cerebro haciéndote sentir feliz y calmada. Además posee otras sustancias que estimulan los centros emocionales del cerebro haciéndote flotar, proporcionándote una sensación similar a la que experimentas cuando te enamoras.

Existe un componente evolutivo en la atracción por la comida dulce. Los humanos tenemos más papilas gustativas para detectar el sabor dulce que para otros sabores. Es por ello que preferimos este sabor a otros, desde la niñez hasta la vejez. Algunos científicos creen que desarrollamos una preferencia por el sabor dulce porque generalmente estas comidas aportan más calorías y por lo tanto están repletas de energía. Esta cuestión era vital en la época en que el hombre era cazador-recolector, pero hoy día cuando todo lo que tiene que hacer es moverse desde el sofá a la despensa en cuanto tiene algo de hambre, no tiene tanto sentido. Si estuviéramos tan activos como lo estábamos en nuestros días de cazadores–recolectores y tuviéramos que trabajar duro para conseguir comida, mientras luchábamos con peludos mamut podríamos llenarnos de dulces sin engordar ni un gramo. Pero los tiempos han cambiado, ¡aunque sigamos conservando las mismas papilas gustativas!

Una buena idea

Prueba a tomar una infusión después de haber tomado una pequeña porción de algo que ansiabas. Esto te ayudará a controlar tu apetito garantizándote que no continuarás comiendo.

El chocolate posee una gran cantidad de grasa (aproximadamente un 30% de su peso es grasa) y está repleto de calorías. Además en algunas pastelerías se les añade azúcar llegando a aportar unas 375 calorías cada 100 gramos. El azúcar y el chocolate te originan una subida temporal de los niveles de azúcar en sangre y la sensación de satisfacción, pero al poco rato tu cuerpo empieza a decirle a tu cerebro que no tiene los nutrientes que necesita, entonces te vuelves a encontrar hambrienta y continúas atiborrándote de cosas dulces. Comienzas un círculo vicioso en el que no te das cuenta de que lo que te está pidiendo tu cuerpo es comida, no azúcar.

La frase

«Hay estudios que demuestran que el chocolate gusta a 14 de cada 10 personas».

SANDRA BOYNTON, *ESCRITORA*

Idea 17. Dulce tentación

Cuando estás intentando perder peso es una práctica habitual dejar de comer dulces. Según mi experiencia esto no da resultado porque te niegas a ti misma aquello que más te gusta, lo que más te apetece. Este es el trato: puedes comer un poquito de aquello que te entusiasma, pero ¡sólo un poquito! Tómate tu tiempo y disfrútalo, siéntate a la mesa en una cómoda silla sin ninguna otra distracción y saborea cada bocado. De esta forma te proporcionas a ti misma una experiencia positiva de la tentación.

Otra idea más

Distrae tu apetencia de dulce con otra pasión diferente. Mira la IDEA 42, *Y cómo no, hablemos de sexo*.

Puedes también probar a tomar dulce de otro modo. Por ejemplo, si te apetece algo chocolateado y cremoso, hazte tú misma un batido con leche desnatada y cacao en polvo. O toma un chocolate caliente con la mitad de leche desnatada y la mitad de agua. Una pequeña tarrina de mousse de chocolate bajo en grasas también puede servir. Si lo que te apetece realmente es masticar, prueba a untar ligeramente una rebanada de pan o una galleta salada o una torta de arroz con chocolate.

Un merengue con algo de fruta y un poco de yogurt bajo en calorías, queso fresco o crema de queso encima pueden suplir tu apetencia de un pudín sin la sobrecarga de calorías que este conllevaría. Habitúate a comparar las etiquetas de tus galletas, tartas y pasteles preferidos. Observarás que algunos dulces son mucho menos «engordantes» que otros. La vida, no obstante, sería mucho más fácil si tuviéramos antojos de brócoli, ¿verdad?

La frase

«Después de comer chocolate te sientes como un dios, capaz de vencer enemigos, liderar ejércitos y seducir amantes».

EMILY LLUCKETT

¿Cuál es tu duda?

P   ¿Puedo emplear miel o azúcar moreno para satisfacer mis apetencias de azúcar?

R   *Sí, si te gusta más su sabor, pero recuerda que porque no sea blanca y granulada no significa que no sea azúcar. Sé consciente en todo momento del número de calorías que supone.*

P   He leído que el chocolate posee sustancias beneficiosas para nuestro organismo ¿es eso cierto?

R   *Sí, contiene potasio. El chocolate contiene además hierro y magnesio pero no debes olvidar que estos nutrientes aparecen envueltos por un manto de grasas y calorías. Puedes conseguir estos nutrientes de otras fuentes menos perjudiciales para tu figura.*

P   ¿No crees que si me permito «pecar» de vez en cuando tomando algún dulce en pequeñas proporciones voy a ser incapaz de parar?

R   *Si te ocurre esto, has de parar de comer y empezar a hacer otra cosa diferente. Podrías dar un paseo, ir al cine, leer un libro, ir a clases nocturnas, abrazar a alguien a quien quieras, aprender a tocar un instrumento o darte un buen baño. Necesitas distraerte y dejarte absorber por algo que sea más interesante o, al menos, igualmente interesante, que comer.*

¡Levántate y desayuna!

Si pensabas que saltarse o escamotear el desayuno era un buen sistema para perder peso, necesitas que alguien te abra los ojos a la realidad para comprobar que es justamente lo contrario. Piensa sobre lo que a continuación te expongo.

¿No sería estupendo que existiera un truco que nos hiciera sentirnos llenas de energía y estar agudos e ingeniosos durante horas? Pues bien, este truco existe, se llama desayuno.

Mucha gente se salta el desayuno en la convicción de que así perderá peso. Numerosos estudios revelan que la gente que desayuna tiende a ser más esbelta que la que se lo salta. Esto es debido en parte al hecho de que tomar un desayuno saludable te hace sentirte llena durante más tiempo. Lo cual significa que estarás más preparada para resistirte a un picoteo repleto de calorías a las 11 cuando comiences a sentirte desfallecida.

Estudios más avanzados han concluido que si tomas un desayuno basado en hidratos de carbono (sobre todo pan y cereales) acabarás consumiendo menos grasas en tu ingesta diaria de alimentos que si te hubieras saltado el desayuno. Esto adquiere gran importancia si estás intentando perder peso. Las personas que desayunan bien tienen unos niveles de colesterol más bajos que quienes no lo hacen (o que aquellos que desayunan bollería industrial o fritos, como churros, rosquillas, pestiños...).

Una buena idea

La próxima vez que estés en un multicine elige mejor Amelie que Matrix. Según un estudio médico, cuando nuestras emociones se disparan se desencadena el deseo de intentar reconfortarse con la comida. Los filmes de terror y las comedias provocaron en un grupo de mujeres sometidas a estudio, un aumento de su apetito, especialmente entre las que ya estaban preocupadas por su peso. Los documentales hicieron que las mismas mujeres comieran menos. Así que ya sabes. ¡Permanece tranquila si quieres perder peso!

He aquí algunas buenas razones más para que desayunar sano tenga sentido. Según un estudio Reino Unido, los voluntarios que consumieron un desayuno bajo en grasas y rico en hidratos de carbono se sintieron menos cansados y más activos mentalmente que los que no desayunaron o tomaron un desayuno rico en grasas y bajo en hidratos de carbono. Estudios realizados en colegios muestran que los niños que desayunan poseen un nivel mayor de concentración en clase así como una mayor capacidad a la hora de resolver problemas y una mayor fluidez verbal. Este hecho se puede perfectamente extrapolar a los adultos como se ha demostrado en pruebas y tests en los que se comprobaba la estimulación de la memoria. ¡Espero que hayas sido capaz de adivinar que los adultos que habían desayunado mostraron mejores resultados que los que no lo habían hecho!

Otra idea más

Intenta mirar tu dieta desde otra perspectiva y fíjate en el peso que pierdes. Vuelve a la IDEA 7, *Nunca es tarde para cambiar de hábitos.*

Idea 18. ¡Levántate y desayuna!

¿Qué deberías desayunar? Nada de fritos. Puedes darte un capricho una vez a la semana, pero has de prometer asar el beicon en vez de freírlo y optar por salsas bajas en grasas. Podrías probar a hacerte los huevos escalfados o revueltos para no añadirles grasa. Con respecto a los cereales, son válidos los de tigo, arroz, salvado, maíz o avena siempre que se acompañen de leche desnatada, por supuesto. ¿Has revisado las etiquetas de los paquetes de cereales? Muchos de ellos contienen grandes cantidades de azúcar añadido. El muesli, a pesar de su asociación con el yogurt, puede no siempre ser tan saludable como habías pensado. Muchas marcas añaden grandes cantidades de azúcar, por no mencionar las que añaden pepitas de chocolate. Intenta escoger de entre las variedades libres de azúcar. Los cereales, aunque no en la forma actual, existen y son consumidos desde hace siglos. El historiador romano Plinio ya hacía referencia a cómo las tribus germanas comenzaron a comer gachas de avena. Como el almidón de la avena es digerido lentamente, las gachas te proporcionaban un remanente de energía durante horas. Además la fibra soluble presente en la avena ayuda a reducir los niveles de colesterol. Si las preparas con leche desnatada constituyen un desayuno completo, saludable y dietético. Una tostada de pan integral untada con un poco de mantequilla o aceite de oliva acompañada de un alimento proteico y bajo en grasas constituye también una excelente elección. Croissant, «donuts» y similares no tienen cabida en un desayuno dietético.

Recuerda un buen desayuno puede marcar la diferencia y ser algo crucial a la hora de perder peso. Además puede hacerte brillar y ser la más alegre de todos los que te rodean.

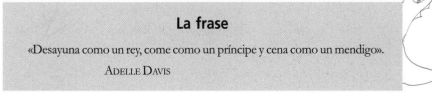

La frase

«Desayuna como un rey, come como un príncipe y cena como un mendigo».
ADELLE DAVIS

¿Cuál es tu duda?

P Soy incapaz de mirar la comida por la mañana, ¿qué puedo hacer?

R *Si te sirve de consuelo no eres la única, pero es importante que consigas adquirir el hábito de desayunar. Mi consejo es que intentes tomar un poco de algún alimento saludable tan pronto como te veas capaz. Un batido de fresas hecho con leche y yogurt desnatado y fruta. O medio bollito de pan integral untado con un poco de queso bajo en grasa. Además, toma algo a media mañana (una fruta o algo así) y no te preocupes, tienes aún dos comidas más por delante. Intenta equilibrar tu dieta diaria en ellas.*

P ¿Cómo puedo prepararme mi propio muesli?

R *Todo lo que debes hacer es poner en remojo la avena la noche antes en leche desnatada o zumo de fruta y después añadirle manzana rayada, moras o pasas y una buena cucharada de yogurt bajo en grasas o queso fresco. También puedes añadirle nueces o semillas, pipas de girasol o de calabaza.*

P ¿Es cierto que es bueno beber agua caliente con limón antes de comenzar a comer?

R *No conozco ningún estudio al respecto aparte de la creencia de que limpia nuestro organismo. Como hoy me siento bondadosa si te hace sentir bien, hazlo.*

19

Camina hacia tu propia delgadez

Si no practicas ningún deporte y no te vuelve loca el deporte,
existe un ejercicio simple para perder peso. Puedes
comenzar fácilmente y no requiere especial equipamiento
o vestimenta.

*Para la mayoría de nosotros caminar es sólo el medio para desplazarnos desde A a B, y
la mayoría de las veces elegimos utilizar el coche o tomar el autobús para ir a donde
queremos.*

Existe una buena razón para poner un pie detrás del otro más a menudo:
es un método genial para perder peso y mantenerse delgada. No resulta
caro, no es complicado y puede realizarse en cualquier parte.

Media hora caminando te hace quemar unas doscientas calorías a la
vez que te tonifica los músculos de las piernas y el trasero. Pero hay una
pega, no lograrás ver resultados si sólo consiste en un suave paseo como
el que das para ir a trabajar o cuando vas mirando escaparates; mucho
menos si sólo lo haces una o dos veces por semana. Comenzarás a ver
resultados cuando empieces a caminar al menos tres veces por semana
hasta llegar a cinco veces durante media hora diaria. Debes caminar con un

paso que, aun sintiéndote cómoda, te haga sudar ligeramente y provoque que tu respiración se acelere también levemente (nunca tanto como para no permitirte mantener una conversación). Si subes una colina o un terreno empinado estarás aumentando el desafío y quemando más calorías. Es simple. Aquí te presento otros puntos que has de tener en cuenta:

- Realmente no necesitas un equipamiento especial para caminar, pero unas deportivas te darán más juego que los clásicos zapatos. Si planeas subir a una montaña caminando o escalando, sí necesitarás botas especiales para este propósito que sean tanto cómodas como seguras.

Una buena idea

Cambia tus lácteos enteros por bajos en materia grasa. En un estudio realizado con voluntarios obesos éstos perdieron alrededor de un 11% de su peso en seis meses con una dieta que incluía tres raciones de lácteos desnatados al día.

- Harás un mayor esfuerzo si caminas al aire libre ya que tendrás que luchar con los cambios de pavimento y con la resistencia del viento. Esto es bueno, ya que te permitirá quemar más calorías y tonificar más aun tus músculos. Además, está demostrado que pasar tiempo fuera, en el exterior, te ayudará a mantenerte en forma también emocionalmente, proporcionándote una sensación de bienestar y evitando las depresiones.

La frase

«Caminar es el mejor ejercicio posible».

THOMAS JEFFERSON

- ¡Lleva ropa cómoda y adecuada para la estación del año o el sitio donde estés! Puede parecer obvio pero si te calas o tienes demasiado calor querrás terminar cuanto antes y volver a casa. En la actualidad la

Idea 19. Camina hacia tu propia delgadez

ropa deportiva de «alta tecnología» está diseñada para permitirte transpirar y protegerte del viento o la lluvia sin que resulte pesada.

■ Cuando camines, mantén los músculos de tu barriga contraídos para trabajar tus abdominales y proteger tu espalda. Caminar erguida evita encorvarse y te facilita emplear tu zancada natural.

Otra idea más

Si te estás sintiendo a gusto con los efectos físicos y mentales del ejercicio, quizás estés preparado para superarte a ti misma. Adelante, sé que quieres hacerlo. Ve a la IDEA 21, *¡Quema grasa rápidamente!*

■ Si mueves los brazos mientras caminas incrementas tu ritmo cardiaco y realizas más ejercicio.

■ Para conseguir una zancada perfecta, el primer impacto contra el suelo debe de realizarse con el talón, dejando rodar el pie sobre el terreno y levantándolo finalmente sobre los dedos.

Mejor que un paseo azaroso sin rumbo fijo y cuando te apetezca, intenta planear tu paseo diario aunque sólo sea de un día para otro. De esta forma, te apetecerá más darlo. Esto unido a tus nuevos hábitos alimenticios mucho más saludables te permitirá ir apreciando tus progresos.

La frase

«Una vida sedentaria sí que constituye un auténtico pecado contra el Espíritu Santo. Sólo los pensamientos que me vienen cuando camino tienen algún valor.»

FRIEDRICH NIETZSCHE

Si realmente quieres sacar partido a los paseos, márcate un plan: date unas seis semanas durante las cuales irás incrementando gradualmente el tiempo de paseo, la frecuencia de los mismos y la velocidad. Por ejemplo, durante la primera semana, camina durante media hora tres veces a la semana. Despacio durante 15 minutos y a buen ritmo durante los 15 minutos finales. Durante las semanas siguientes podrías ir aumentando el número de paseos a la semana e incrementado su duración en 5 o 10 minutos. Además deberías caminar a buen ritmo durante 20 o 25 minutos y más sosegadamente el resto del paseo. Al finalizar las seis semanas deberías dar paseos de 45 minutos a una hora cuatro o cinco veces a la semana a buen ritmo. Notarás la diferencia en el espejo.

¿Cuál es tu duda?

P Adoro pasear, pero, ¿cómo evito sentirme sola?

R *Cómprate un perro o pídelo prestado, no sólo para que te de compañía sino también para contactar con otras personas que paseen perros. Podrías intentar encontrar alguna amiga que prefiriera pasear contigo a estar en el bar o en casa sin hacer nada. También puedes optar por incorporarte a un club o asociación de caminantes y si no lo hay en tu zona ¡anímate a crearlo! Aunque puede resultar muy motivador y ayuda a que el tiempo pase, por tu propia seguridad no te recomiendo escuchar música con auriculares, sobre todo si eres mujer.*

P ¿No crees que caminar puede resultar aburrido después de un rato?

R *Siempre existen medios de hacerlo más interesante, como visitar lugares pintorescos. Esto puede no ser siempre posible, pero podrías conducir hasta un bonito pueblo y caminar allí los fines de semana. O, por ejemplo, si tienes una cena con los amigos en la otra punta de la ciudad, ¿por qué no vas andando hasta allí? También puedes retarte a ti misma. Las carreras solidarias pueden resultar divertidas, conoces a un montón de gente y haces algo por ti y por los demás. Existen multitud de asociaciones de caminantes y clubes de senderismo en casi todos los lugares del mundo. Allí encontrarás a más gente con quien compartir el camino.*

20

Dietas de desintoxicación, ¿cura o estafa?

Si has oído hablar de que las dietas de desintoxicación te pueden ayudar a adelgazar, probablemente hayas caído en la tentación de probar alguna. Pero ¿qué es lo que implican realmente? ¿Hasta qué punto son seguras para la salud?

Las purgas y los purgantes no son un invento de este siglo. Los antiguos aztecas ya eran aficionados a los enemas. En el siglo XIX algunos médicos estimaban que vaciar y limpiar el colon tenía sentido en tanto que era allí donde el cuerpo almacenaba las toxinas.

Este tipo de dietas se han llegado a convertir en características propias de algunas religiones. Sin embargo, la mayoría de las veces se consideran las dietas de desintoxicación más como un medio para limpiar el cuerpo que para limpiar el alma y siempre albergando la esperanza de perder peso en el proceso. Esto es al menos lo que nos han vendido en numerosas ocasiones las revistas, libros, celebridades y los gurúes de la salud.

Los adeptos a este tipo de dietas creen que someterse a una desintoxicación un par de veces al año contribuye a mejorar la digestión, los niveles de energía, el aspecto de la piel y fomentar la pérdida de peso. Normalmente, lo que hacen es tomar sólo fruta y verduras crudas durante unos días, acompañados de zumos de frutas y agua. Pasados esos días, comienzan a introducir otro tipo de alimentos como verduras al vapor, sopas y purés, pescados y aves, frutos secos, nueces y semillas. La carne roja, el alcohol, el café y los lácteos están prohibidos. Realmente no hay nada malo en eliminar la carne roja, el alcohol o incluso el café de nuestra dieta, aparte del hecho, claro está, de que no tengo pruebas de que exista nada tan delicioso, que pueda sustituir a una o dos tazas de café al día.

Una buena idea

Existen ejercicios de respiración en Yoga que ayudan a desintoxicar tu organismo y son geniales para combatir el estrés; además, mantendrán tu mente alejada de la comida. Inspira muy despacio y profundamente, pero sin forzar. Después exhala rápidamente, como si estuvieras estornudando. Continúa con este tipo de respiración e intenta ser consciente de la tensión relajación de tu abdomen al tiempo que todo tu cuerpo se calma y relaja.

No soy partidaria de eliminar todo un grupo de alimentos de nuestra dieta como los lácteos; a menos, claro, que seas alérgico a ellos. Este tipo de dietas se siguen sólo durante un par de semanas a lo sumo y no van a hacerte ningún daño, pero ¿te reportan algún beneficio real? La mayoría de los médicos coinciden en que tu cuerpo es perfectamente capaz de eliminar las toxinas del mismo sin necesidad de ayuda de ninguna dieta. De hecho, la única forma de desintoxicación que ellos reconocen es la de los alcohólicos. Los partidarios de este tipo de dietas afirman que en estos tiempos, nuestro cuerpo está expuesto a la polución, los antibióticos, los aditivos, conservantes, colorantes alimentarios… Y, que por tanto, necesita toda la ayuda que pueda conseguir. Muchos de sus adeptos alegan que es un proceso catártico que te permite entrar en contacto con tus emociones más profundas, lo cual puede llevarte a cuestionar más cosas que te permitan

Idea 20. Dietas de desintoxicación, ¿cura o estafa?

introducir cambios importantes en tu vida. Pero claro, mirarte el ombligo y dar cabezadas es todo lo que puedes hacer cuando te encuentras tan débil que eres incapaz de levantarte del sofá. ¿Qué quiero decir con esto? Tengo varios amigos que al comienzo de enero todos los años siguen esta dieta y se sienten estupendamente. Personalmente creo que es una dieta muy dura. Soy más partidaria de la moderación: comer menos grasas, comida más saludable y variada. Si quieres evitar los pesticidas y conservantes ¡adelante! Compra comida orgánica.

Otra idea más

Ten cuidado con los desórdenes alimentarios. Ve a la IDEA 36, *Dietas peligrosas*.

RAPIDEZ

Esto es lo que se esconde detrás de las dietas de desintoxicación, no sólo son recomendadas como un medio para limpiar nuestro organismo, sino también como un sistema de darle un empujón a la pérdida de peso. El problema de la rapidez es que te puedes sentir débil y mareada y todo lo que pierdas de esta forma lo recuperarás rápidamente en cuanto vuelvas a comer normal. El tema es que si la llevas a cabo un día no te dañará, pero, por favor, si tienes intención de seguirla durante más tiempo ponte bajo la supervisión de un especialista. En opinión de algunos psicólogos estas dietas rápidas atraen a personas que presentan conductas autopunitivas. Es duro (y frecuente) no estar orgullosa de una misma cuando se sufre sobrepeso, pero no hagas cosas que puedan hacerte daño. Los sentimientos de odio hacia una misma y la culpabilidad son comunes entre las personas que hacen dieta, pero no ayudan, sino que sabotean tus buenas intenciones y progresos. Una actitud saludable hacia la comida y hacia tu cuerpo es la clave del éxito.

La frase

«Creo que la idea de la acumulación de toxinas es una estupidez. Y no pienso cambiar de idea hasta que los partidarios de este tipo de dieta puedan probar lo que defienden mediante pruebas testadas y contrastadas de forma adecuada».

PROFESOR JOHN GARROW, CITADO EN LA REVISTA *ZEST*

¿Cuál es tu duda?

P Creo que seguir la dieta de desintoxicación me supondría muchísimo esfuerzo. ¿Existe algún tipo de versión moderada de la misma?

R *Podrías intentar eliminar de tu dieta la comida procesada, el alcohol y los productos azucarados como los pasteles, tartas y helados durante una semana y mirar cómo te sientes. Seguro que perderás algunos kilos. Esto sería llevar una dieta sana que te daría la oportunidad de pensar dos veces antes de decidir qué vas a comer. Además vas a descubrir sabores nuevos y, ¿quién sabe?, es probable que descubras que prefieres el sabor de los alimentos naturales que el de los refinados o procesados.*

P ¿Qué opinas acerca de las infusiones de hierbas que se venden como desintoxicantes?

R *Fácilmente disponibles en tiendas de alimentación y dietética, así como en farmacias, este tipo de bebidas son utilizadas en diferentes tipos de dietas. Honestamente he de decir que he probado algunas y nunca he experimentado grandes efectos. Un par de ellas me han hecho sentir más llena de energía, pero ninguna me ha hecho perder peso. Pruébalo tú misma si no te importa gastar el dinero, pero ¡no esperes milagros!*

21

¡Quema grasa rápidamente!

Comer menos y moverse más se traduce en una pérdida de peso. Si incrementas la parte de la ecuación relativa al ejercicio perderás kilos más rápidamente.

Darse un baño quema calorías y, puestos a elegir, ¿no preferirías darte un remojón a una sesión en la máquina de remo del gimnasio?

En la mayoría de las actividades diarias como ver la televisión, hacer las tareas domésticas y dormir consumimos calorías, pero es poco probable que consumamos más de las que ingerimos en la comida. El secreto para quemar grasa rápidamente se halla en optimizar al máximo la quema de calorías en toda actividad que realicemos. Aquí aparecen algunos ejemplos que te permitirán conseguirlo.

Intenta hacer ejercicio durante más tiempo

Si te horroriza la perspectiva de una intensa hora de ejercicio en el gimnasio o los 15 km corriendo alrededor del parque de tu ciudad, intenta realizarlo de forma más lenta pero durante más tiempo. Por ejemplo, caminar a buen ritmo durante una hora quema la misma cantidad de grasas que correr durante media hora.

Una buena idea

Cuando realices ejercicio, al cabo de media hora toma algún picoteo de proteínas e hidratos de carbono, como un sándwich de atún y ensalada. Esto ayudará a tu cuerpo a utilizar tu reserva de grasa para reponer, a corto plazo, las energías perdidas.

Consigue un día más energético

Puedes quemar 300 calorías más con el simple hecho de realizar tus actividades cotidianas de manera más enérgica. En vez de un tranquilo paseo para ir a trabajar, acelera la marcha. Haz aquellas tareas domésticas que siempre pospones, como limpiar los cristales, fregar a fondo el suelo de la cocina, ordenar el jardín o redecorar tu dormitorio. Pon en el equipo de música esa canción que, aunque pasada de moda, logre que no puedas dejar de moverte, y habrás creado tu propia tabla de ejercicios. ¿Qué te parece empezar el día con un humor excelente escuchando la radio o un CD y bailando a su son? ¡Ah!, y la próxima vez que salgas de compras, ve caminando en lugar de usar el coche o el autobús.

La frase

«Considera formar un grupo o hacer ejercicio con algún amigo. El compromiso realizado en el seno de un grupo es más fuerte que el hecho de manera individual».

INSTITUTO AMERICANO DE MEDICINA DEPORTIVA

Consigue músculos

Utiliza pesas cuando estés trabajando con las máquinas o en una clase de entrenamiento, o, incluso, cuando estés haciendo las tareas domésticas. Esto te ayudará a quemar más calorías siempre y no sólo mientras lleves las pesas, momento en el que tu cuerpo utilizará más energía para transportar ese peso. Hacer pesas (lo sé chicas, parece muy masculino, pero, por favor tenedlo en cuenta) nos ayuda a fortalecer los músculos y a aumentar el tejido muscular que es más activo, en términos metabólicos, que el tejido graso. Los músculos necesitan más energía para simplemente existir, por lo que cuanta más musculatura tengas, más calorías quemarás, ¡aunque estés en reposo! Afortunadamente no es necesario que adquieras un «look» a lo Arnold Schwarzenegger para que esto se cumpla.

Otra idea más

Perder peso no es otra cosa que establecer una diferencia entre las calorías que entran (han de ser menores) y las que salen. Pero, ¿cómo saber cuántas calorías consumo al día y en qué alimentos se encuentran? Ve a la IDEA 2, *Es sencillo contabilizar lo que comes.*

Aprende a amar los intervalos intermedios

No me estoy refiriendo a los intermedios de una película o de una obra de teatro en los cuales sales a por un helado o una bebida, sino que voy a darte un nuevo concepto de intermedio: los intervalos del entrenamiento en los que vas a cambiar el ritmo. La idea es que puedas incrementar la cantidad de calorías que quemas durante cualquier ejercicio al aumentar la velocidad durante unos pocos minutos. Si estás caminando, nadando o montando en bici podrías mantener una velocidad constante durante 15 o 20 minutos y después ir muy rápido durante un par de minutos, para reducir de nuevo la velocidad al ritmo constante que mantenías y volverla a disparar de manera aleatoria. Cuantas más veces lo hagas y más largos sean estos intervalos, más resultado dará. Es duro, pero efectivo.

Recuerda, todo lo que puedas esforzarte, todo lo que tu cuerpo dé de sí, se traducirá en una figura más delgada y con mayor tonicidad muscular. Cuanto más ejercicio hagas, más rápido verás los resultados. ¡Vale la pena aprender a amar el deporte!

La frase

«Mi idea de hacer ejercicio es una enérgica sentada».

Phyllis Diller

¿Cuál es tu duda?

P Francamente no me apetece hacer pesas y tener un cuerpo muy musculoso. ¿Qué tipo de ejercicio debería hacer en el gimnasio para evitar el desarrollo de los músculos?

R *Para desarrollar realmente los músculos necesitarías hacer determinados ejercicios de entrenamiento muy específicos y trabajar muy, muy duro. Mucho más que con cualquier ejercicio que hayas realizado y mucho más, probablemente, de lo que alcances a imaginar. Así que no te comas el tarro, ¡no vas a convertirte en el increíble Hulk de repente sin un duro entrenamiento previo! En vez de esto piensa que un kilo de músculo consume más energía que uno de grasa. Esta es la razón por la que muchas mujeres que aumentan de peso con el ejercicio ven, sin embargo, cómo reducen tallas.*

P Cuando levanto un peso mis músculos tiemblan. ¿Por qué ocurre? ¿Es una señal de que estoy enferma?

R *Lo que comentas parece una reacción normal y es indicativo de que te estás esforzando en el gimnasio. Para conseguir los resultados más óptimos con las pesas necesitas repetir el ejercicio hasta que tus músculos están exhaustos. Este es el momento en el que ves imposible hacer un ejercicio más y prevés que tus músculos van a comenzar a temblar de un momento a otro. Si te das por vencida antes de llegar a este punto, no estás trabajando suficientemente duro y tardarás más en ver los resultados que anhelas. Si te ocurre cuando acabas de comenzar el ejercicio, deberías volverlo a comprobar después de cuatro o cinco repeticiones. Cuántas más realices, más tardarás cada vez en llegar a ese punto.*

22

Lo quiero y lo quiero ahora

¡Corre, escóndete, hazte la muerta (o cualquier otra idea brillante) para controlar las ansias de determinada comida que a la mayoría de nosotros nos sobrevienen cuando estamos a dieta!

Si tu apetencia por determinada comida es realmente fuerte, hasta el punto de que recorrerías 10 Km. para comprar lo que te apetece, entonces, ¡tienes un antojo!

En el pasado, los antojos representaban carencias nutricionales. Algunos expertos, especialmente los que poseen formación en medicina alternativa, así lo sostienen. Pienso que, cuanto menos, resulta curioso que invariablemente los antojos impliquen algo dulce y engordante, y nunca un apetitoso plato de espinacas. Pero de lo que no hay duda es de que los antojos están relacionados con lo que ocurre en tu cuerpo. Este punto es aún más cierto en las mujeres y está relacionado con sus procesos hormonales. Muchas mujeres experimentan antojos justo antes de la menstruación. También es usual tenerlos cuando estás embarazada. (En mis embarazos, no paraba de comer alubias estofadas, lo cual no resultaba muy glamuroso.) Los hombres suelen tener menos antojos que las mujeres; y los mayores de 65 años menos que los más jóvenes. Esto es debido a que el apetito se va perdiendo con la edad y a que sentidos como el olfato y el gusto se van debilitando con el paso del tiempo.

Una buena idea

El té verde puede acelerar tu metabolismo. Si bebes cuatro o cinco tazas al día puedes quemar en torno a 70 calorías más ¡haciendo algo tan simple! Beber té verde puede hacerte perder unos 3 kilos en un año. Corre, ¡pon la tetera al fuego!

⌐ La mala noticia es que la gente que está intentando perder peso experimenta numerosos antojos. La mayoría de los mismos son debidos a factores psicológicos. ¿Recuerda cuando eras niña y te prohibían hacer alguna cosa?, ¿a que lo que más deseabas hacer era justo lo que te habían prohibido? Con las dietas pasa lo mismo. El privarte de algo puede hacer que desees con todas tus fuerzas aquello que te has prohibido a ti misma comer.

Las dietas que son muy restrictivas llegan a ser aburridas y la comida que se prohíbe pasa a ser sumamente atractiva. Por el contrario, una dieta saludable que te permite perder peso a largo plazo, basada en comer equilibradamente y controlar las cantidades, no origina tantos antojos porque no existen privaciones reales. Nunca llegarás a estar «desesperadamente hambrienta» si comes sensatamente. De esta forma, podrás reprimir y controlar tus antojos y esa hamburguesa doble con queso y patatas fritas seguirá estando en el «burguer» de la esquina en vez de en tus caderas.

Si un antojo comienza a acercarse a ti como ese conocido al que no has invitado y que no se da cuenta de que no deseas su compañía, prueba uno de estos tres trucos:

■ Consigue un sustituto «light»:

Si tienes un antojo de chocolate, prueba con un vaso de cacao soluble con leche desnatada. Puedes rallarle un par de pastillas de chocolate encima. Si el objeto de tus sueños es un helado, compra una versión baja en grasas o sustitúyelo por un sorbete.

Idea 22. Lo quiero y lo quiero ahora

Otra idea más

El ejercicio te ayuda a controlar tu apetito. Si no eres un fan de los gimnasios lee la IDEA 35 *Ponte en forma sin salir de casa*, donde te sugiero otro enfoque.

■ Presta atención al tamaño de la porción:

Compra una versión reducida de tu antojo favorito. ¡Como si se tratara de una ración o porción infantil! Así no podrás pasarte. Prueba a servirte una ración pequeña de aquello que ansías, siéntate y concéntrate en disfrutarlo realmente. En cuanto lo hayas terminado, dedícate a otra actividad que te absorba por completo.

■ Date el antojo y no te machaques a ti misma:

Denegarte algo puede terminar en un atracón cargado de culpa.

También sería bueno que observaras si tus antojos siguen un patrón. Por ejemplo, si se producen a determinadas horas del día. Intenta descubrir cómo te sientes en esos momentos. Cuanto más sepas de tus hábitos alimenticios, más fácil te será entenderlos y poder controlar aquéllos que interfieren en la pérdida de peso.

La frase

«La comida es como el sexo. Cuando no tienes, incluso el de la peor clase parece bueno».

BETH MCCOLLISTER

¿Cuál es tu duda?

P ¿Por qué mi antojo por el dulce se intensifica cuando estoy premenstrual?

R *La mayoría de las mujeres lo experimentan. Nuestro cuerpo requiere un aporte extra de calorías justo antes de la menstruación. El truco es mejorar el equilibrio de nuestra dieta. Por ejemplo con algún suplemento vitamínico con zinc y aceite de prímula. No te lo niegues a ti misma, pero ten cuidado con los atracones. Emplea maniobras para distraerte; por ejemplo, puede ser el momento del mes en que te mimes. Un masaje puede ayudarte a sentirte mejor y disminuir la hinchazón mejorando los síntomas del síndrome premenstrual. También te ayudará a dejar de pensar en comer durante un rato.*

P ¿Existe alguna manera de «entrenarme» para no tener antojos al igual que entrenas a un cachorro para no hacer ciertas cosas?

R *Puedes intentar entrenarte de la siguiente forma. Haz una lista de las seis comidas que más se te suelan antojar por orden de importancia. Escoge la que menos puntuación tenga y llévala en el bolso durante todo el día. Al final del día tírala o dásela a alguien. Sigue ascendiendo en la lista para probarte a ti mismo que puedes controlar tus antojos. Algunas personas lo pasan muy mal con esta técnica, incluso no consiguen eliminar o controlar el antojo. Probablemente te servirá, en cualquier caso, para aprender un poco más de estos urgentes antojos: por qué, cuándo y cómo.*

23

Convierte tu cocina
en un lugar más «light»

Con el material adecuado y un manual de cocina baja en
calorías puedes transformar lo que comes y cómo lo cocinas.
¡Ánimo, aprender puede ser divertido!

*Siempre he oído decir que nunca confíes en un cocinero delgado. Pues yo te digo, no confíes
en ninguno, porque nunca cuentan las calorías que te dan.*

La proliferación de cocineros famosos con sus programas de cocina en
televisión y con sus libros ha contribuido, indudablemente, a reavivar nuestro
interés por la cocina y la comida. Sin embargo, en su afán por agradar y
hacer platos apetitosos, no suelen tener en cuenta nuestra dieta. Lo que tú
haces en tu cocina es de suma importancia en la batalla contra los michelines.
La parte buena es que es fácil preparar deliciosos platos con calorías con-
troladas. Aquí te expongo, sin seguir un orden determinado, algunos de
mis métodos y técnicas para preparar platos maravillosos no engordantes.

1. Cocina habitualmente a la plancha la carne y el pescado; no los frías.
    De este modo no necesitas añadirle ninguna otra grasa. Si te parece
    que la carne a la plancha o a la parrilla queda un poco seca, añádele
    simplemente un poco de aceite de oliva o de girasol. Fíjate bien en que
    he dicho «añadir un poco» no «empapar en abundante».

Una buena idea

¡Estar tumbada y comer no casan! Estar tumbada hace que comas más que cuando estás sentada ya que el tránsito de la comida es más lento y tardas más tiempo en darte cuenta de que estás llena.

2. Invierte en menaje especial para cocinar al vapor. Con esta forma de cocción se mantienen la mayoría de los nutrientes. Incluso puedes aventurarte con un pescado al vapor.

3. Cuando prepares verduras no le añadas un pegote de mayonesa encima. Unas especias o hierbas picaditas, como perejil o menta, junto con un chorrito de aceite de oliva serán suficientes.

4. Compra sartenes y cacerolas de buena calidad, que sean antiadherentes y te permitan cocinar sin grasas añadidas o, al menos, cocinar con mucho menos aceite. Ten en cuenta que nada dura para siempre y las sartenes antiadherentes tampoco. La capa que traen inicialmente suele estropearse con el tiempo, lo que nos lleva a tener que añadir más aceite. Comprueba tus sartenes periódicamente para ver si necesitas cambiarlas.

5. Emplea las cantidades apropiadas. Mientras resulta terriblemente divertido ver al cocinero de la tele mezclando todos los ingredientes a ojo, sin importarle si añade 200 gramos de mayonesa, piensa que en la vida real podemos estar añadiendo calorías innecesarias y generando raciones XXL.

6. Considera cocinar a la plancha o cocer como los mecanismos de seguridad de nuestra salud, e intenta comer siempre la carne y el pescado en una de estas dos formas. Utiliza sólo caldo, leche, agua o zumo de limón mezclado con hierbas y especias para aderezarlos.

Idea 23. Convierte tu cocina en un lugar más «light»

Otra idea más

¿En qué consiste una comida saludable y equilibrada? Ve a la IDEA 4, *La pirámide nutricional.*

7. Si estás preparando una cacerola de carne en salsa boloñesa, por ejemplo, podrías probar a freír primero la carne y retirarle el exceso de aceite antes de incorporarla a los restantes ingredientes.

8. Busca siempre una versión baja en calorías de los ingredientes. Por ejemplo la nata que es imprescindible para preparar muchos platos aporta un montón de grasas saturadas. Pero es posible encontrar marcas que tienen la mitad de grasa; mucho mejor si empleas la misma cantidad. Comprueba las etiquetas para asegurarte de que la versión baja en calorías es adecuada para cocinar y que en el caso de la mantequilla o la margarina sirve también para untar.

Y recuerda, sólo porque estés perdiendo peso no significa que tu comida tenga que ser sosa y aburrida. Si lo que cocinas ahora sabe a cartón, ¡por favor, incluye un libro de cocina en tu lista de la compra!

La frase

«La cocina es el gran laboratorio del hogar y tanto los aciertos como los errores en el respeto a la salud corporal dependen de la naturaleza de las preparaciones inventadas dentro de sus cuatro paredes.»

Mrs Beeton, escritor

Adelgaza sin dietas

¿Cuál es tu duda?

P ¿Cómo puedo conseguir que un plato tenga una textura cremosa sin usar nata?

R *Añadiéndole nata baja en materia grasa o yogurt. Aunque no es la opción menos engordante, un yogurt light griego posee la misma textura cremosa que un yogurt bajo en materia grasa.*

P Adoro el beicon y quiero dejarlo por completo, ¿por qué lo puedo sustituir?

R *Al cocinar podías intentar sustituirlo por tomate secado al sol. Enjuagándolo para quitarle el aceite (si se ha envasado en aceite) o rehidratándolo en agua. El sabor que aporta es tan rico como el del beicon y engorda mucho menos.*

P ¿Qué opinas del microondas?

R *Algunas personas desconfían de los hornos microondas, pero yo creo que son geniales porque rara vez necesitas añadirles grasa cuando cocinas con ellos. También son estupendos cuando tienes prisa, estás cansado o perezoso porque te permiten cocinar algo saludable y ricos empleando menos tiempo incluso que si lo encargaras hecho o tuvieras que ir a por ello. Hazte amigo de tu microondas y utilízalo para tener comida sana y caliente en vez de picar alguna cosa en cualquier sitio llena de grasa, sal y azúcar.*

¡Vamos de viaje!

Se dice que los viajes amplían tu visión, abren tu mente y amplían tus horizontes, pero el problema es que también pueden ampliar tu silueta. **Vamos a ver cómo irnos de viaje sin engordar unos cuantos kilos.**

Mirar tus fotos de las vacaciones puede ser el punto de partida para decidirte a perder peso. Ver cuán regordeta se te ve en ellas puede impactarte.

Recuerdo haber revuelto ansiosamente mis fotografías después de volver de mi viaje a Portugal. Estaba buscando unas en las que tenía una pose a lo Cindy Crawford, pero no la encontré. Parecía una bola desde todos los ángulos y en todas las fotos. Había un montón de fotos mías detrás de mesas repletas de sobras de suculentas comidas y botellas vacías de vino. La confrontación con la realidad fue cruel, así que me juré a mí misma que iba a conseguir controlarme y llegar a estar delgada y tener un buen tono muscular para mis próximas vacaciones.

Las secuelas de unas vacaciones pueden ser tremendas, pero a menudo es la propia perspectiva de las vacaciones la que nos llena de temor. Fuera de nuestra rutina, preocuparnos por cómo y qué vamos a comer y cuántas calorías vamos a consumir, nos ayudará a no volver con tres kilos más como souvenir de nuestras vacaciones. Si viajas a un país realmente remoto y exótico, deberías volver a casa con algún kilo menos gracias a algún virus intestinal, pero por regla general el viajar y permanecer unos días en el extranjero suponen un paréntesis en nuestros planes de adelgazamiento.

Una buena idea

Come cosas que te requieran cierto esfuerzo. Esto te ayudará a consumir menos calorías. Hablo de cosas como alcachofas, cangrejos, bogavantes y gambas con su caparazón y mejillones con concha que necesitas pelar, desmenuzar… Así frenarás tu apetito y comerás más despacio.

Esto no significa que no puedas viajar. Puedes vivir, divertirte y disfrutar de nuevas experiencias mientras que no pierdas de vista tu objetivo de peso. La clave está en tener conocimiento acerca de los menús extranjeros, elegir platos ligeros y tener cuidado con el tamaño de las raciones, así como con la cerveza, el vino, la sangría, los cócteles y otras tentaciones con alcohol.

Mientras que en España debemos disfrutar del gazpacho, los pimientos asados, el pescado a la plancha, las ensaladas, el pollo asado, la tortilla y los mejillones, hemos de evitar los «pescaítos fritos» (que van enharinados), el pescado servido con salsas grasas, las albóndigas y el chorizo.

Aquí tienes un recorrido por cinco destinos diferentes de vacaciones, con los pros y los contras de la cocina local:

GRECIA

Come: pan de pita, ensaladas, pescado cocido, tomates a la parrilla, pescado a la brasa, fruta fresca, brochetas de marisco, brochetas de ternera y pimientos, *tzatziki* y paté de *hummus*. Cuando pidas una ensalada, aliñala tú misma.

Evita: dulces de *baklava, moussaka* (tiene mucha grasa), bolas de carne, *taramasalata* (un solo cucharón posee un 50% de grasas y aporta unas 200 calorías) y las salsas picantes.

Otra idea más

¿Sabes por qué dormir desempeña un papel muy importante en la pérdida de peso? Ve a la IDEA 29, *Pierde peso mientras duermes*, para descubrirlo.

ITALIA

Come: platos de pescados, pizzas de base fina con ingredientes vegetales, pasta con salsa de tomate, verduras o mariscos, jamón de Parma con melón, ensalada de mariscos, palitos de pan, atún, ensalada de guisantes y pollo asado (pide siempre las salsas aparte).

Evita: pasta con salsas que lleven base de mantequilla o nata, pizzas con salami, extras de parmesano, las verduras y hortalizas a la parrilla que empapan previamente en aceite de oliva, la salsa de pesto y la salsa carbonara (elaborada con una base de nata).

La frase

«El problema con la comida italiana es que cinco o seis días después vuelves a estar hambriento».

GEORGE MILLER, ESCRITOR BRITÁNICO

FRANCIA

Come: los consomés, la trucha a la parrilla, el pisto, las ensaladas, la bullabesa, las baguettes rellenas de ensalada, los quesos bajos en materia grasa, como el brie, el camembert y los quesos de cabra, la sopa de cebolla francesa (pero no comas los tropezones de queso de la misma).

Evita: las salsas con base de crema o mantequilla como la bernesa o la normanda, las verduras cocinadas con mantequilla, las pastas, los croissant y el pan al chocolate.

USA

Come: la comida «Tex Mex», burritos con frijoles, fajitas de pollo, tostadas con chiles, las cuajadas, yogures y helados bajos en materia grasa. En USA puedes conseguir variaciones sobre los menús, pero necesitas pedirlo. Lo malo son las raciones tan enormes que te sirven.

Evita: hamburguesas, fritos, pastel de queso, brownies, patatas, tortitas fritas, filetes fritos y la ensalada César (parece light, pero su salsa está repleta de grasas y calorías).

La frase

«La calidad de la comida es inversamente proporcional a la altitud del restaurante, especialmente si están en la planta superior de un banco o de un hotel (los aviones son un caso extremo)».

BRYAN MILLER, CRÍTICO DE RESTAURANTES DEL *NEW YORK TIMES*

TAILANDIA

Come: pastelitos de pescado, ensaladas de gambas y papaya verde, revueltos de verduras, sopas (evita las de coco, una rica fuente de grasas saturadas), carne o marisco «pad kau pau» (revueltos con ajo, chiles y albahaca) y el pescado asado.

Evita: las salsas al curry (a menudo nadan en leche de coco) y la salsa «satay» (deliciosa, pero enormemente calórica).

Idea 24. Vamos de viaje

¿Cuál es tu duda?

P Me gusta hacer ejercicio y me gustaría poder seguir practicándolo cuando voy de viaje. ¿Alguna sugerencia?

R *Llama previamente para comprobar si tu hotel cuenta con un gimnasio o tiene un acuerdo con algún club de salud local. Quizás podrías también montar en bici durante tu estancia. También puedes consultar si tu habitación tiene vídeo y llevarte un par de cintas de ejercicios. Los deportes náuticos son un buen modo de hacer ejercicios cardiovasculares. No desestimes los beneficios de nadar o caminar por la playa.*

P Aunque pueda controlar qué como cuando estoy en el destino, me resulta difícil durante el viaje. ¿Cómo puedo dejar de comer algo que realmente no quiero cuando tengo tanta hambre?

R *Lo mejor que puedes hacer es prepararte un paquete con tu comida para el viaje con un montón de fruta y picoteos saludables. Es la única forma de no caer y tener que comerte la hamburguesa porque no existe otra opción. No olvides que la mayoría de las líneas aéreas pueden darte un menú especial si están avisadas. Algunos son mejores que otros, pero si siempre pides un menú bajo en grasas o un menú vegetariano, tendrás garantizado al menos, fruta fresca y verduras.*

La mañana después
de la noche anterior

Parece que cada vez que te pones a dieta surgen bodas, cenas y acontecimientos especiales que ponen a prueba tus planes de adelgazamiento. Aquí tienes algunos trucos que te ayudarán a no apearte del carro del adelgazamiento.

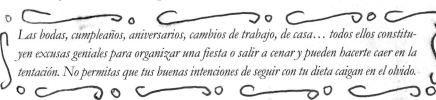

Las bodas, cumpleaños, aniversarios, cambios de trabajo, de casa… todos ellos constituyen excusas geniales para organizar una fiesta o salir a cenar y pueden hacerte caer en la tentación. No permitas que tus buenas intenciones de seguir con tu dieta caigan en el olvido.

Es duro resistirse a tomar algo de alcohol y algún «hipercalórico» picoteo cuando te hallas en un ambiente lúdico festivo. ¡Con qué facilidad nos encontramos con las manos llenas de cacahuetes! ¿Más vino? ¿Te apetece un cóctel? ¡Toma otro trocito de pastel! ¡Prueba el queso, está divino! La siguiente cosa de la que somos conscientes es de que se nos ha ido la mano con la comida. ¡Demasiado tarde!

A la mañana siguiente te despiertas sintiéndote hinchada como un globo, un poco atontada, contrariada y enfadada contigo misma. Tu primera reacción puede variar entre mandar a la porra tu dieta o comenzar a obsesionarte por la cantidad de grasas y calorías que tomaste la noche anterior. Es muy importante que no dejes que los sentimientos negativos se apoderen de ti.

Una buena idea

Juega con el tamaño de los platos. Si utilizas platos enormes tendrás ocasión de llenarlos con raciones también enormes; o puedes sentir que estás comiendo poco porque el plato no está lleno. Utilizar platos pequeños y llenarlos de comida es un truco para darte la sensación de estar pegándote una comilona.

En primer lugar, es bastante poco probable que un único exceso te haga ganar peso. Es necesario consumir unas 3500 calorías de más (es decir, por encima de lo que quemas) para poder engordar medio kilo. La sensación de hinchazón y de pesar 100 kilos más es seguramente debida a la retención de líquidos después de haber consumido alimentos ricos en sal: patatas fritas, nueces, pizza y demás. Date un tiempo para ser consciente de cómo te sientes realmente e intenta reformular positivamente los pensamientos negativos. Así pues, en vez de atormentarte con la idea de que como resultado de tu indulgencia de anoche con la comida has reventado tu dieta y que lo mejor que podrías hacer es abandonarla, dite a ti mismo: «He estado perdiendo peso hasta ahora de forma constante y segura. Después del paréntesis de ayer estoy segura y ansiosa por retomar mis saludables hábitos alimenticios».

Del mismo modo, en vez de prometerte a ti mismo que no volverás a asistir a ninguna otra fiesta en lo que te queda de vida, intenta sacar provecho de la experiencia. ¿A qué no te pudiste resistir? ¿Fue el alcohol lo que te hizo caer? (tanto por las calorías que aporta como porque disminuye tu fuerza de voluntad). ¿Seguiste comiendo aun cuando te encontrabas llena? Identificar los obstáculos significa que en la próxima fiesta tendrás herramientas para sortearlos. Por ejemplo, si tomas una fruta, una ensalada o una sopa antes de salir de casa te sentirás un poco más llena y podrás

Idea 25. La mañana despúes de la noche anterior

evitar mejor picar esas tentadoras patatas fritas. También puedes probar a tomar un vaso de agua entre una bebida alcohólica y otra. Incluso puedes probar a mezclarte y charlar con otros invitados que se hallen en una zona alejada de la comida para evitar comer sin quererlo hacer realmente. No parar de hablar es otra buena táctica. ¡Al fin y al cabo es bastante difícil hablar con la boca llena!

La frase

«Una copa más y acabaré debajo de la mesa viendo las piernas de los invitados».

DOROTHY PARKER

Debido a la sensación de cansacio que se apodera de ti la mañana siguiente a la noche anterior, te serán de utilidad algunos trucos para evitar el «peligro». Probablemente estarás ansiosa de hidratos de carbono para reponer tus niveles de energía y si estás atontada te apetecerán también dulces y grasas. Pensar, planificar qué debes comer, te hará volver al buen camino. Comienza el día con un gran vaso de agua para combatir la deshidratación; continúa con un desayuno bajo en calorías para asegurarte de no necesitar picar a media mañana. Prueba con cereales o una tostada de pan integral con un poquito de mantequilla o con paté bajo en calorías o mermelada, o un cuenco de leche desnatada, yogurt y frutas. Bebe otro par de vasos de agua durante la mañana y si necesitas picar a pesar de todo, come fruta, pan tostado con mermelada o paté, una barrita de cereales...

Otra idea más

Para muchos de nosotros perder peso es duro y te hace sentir viejo. Encuentra una buena razón para hacerlo en la IDEA 33, *Al llegar la mediana edad...*

Una enorme ensalada con alguna proteína baja en grasas deberá saciarte de forma saludable. Si incluyes berros o canónigos en tu ensalada combatirás la retención de líquidos con un diurético natural. Cena temprano algo de pescado o carne a la plancha con verduras. Si evitas comer durante este día alimentos ricos en almidón y féculas (como pasta, arroz o patatas), consumirás menos calorías contribuyendo a reequilibrar tu dieta después del exceso de ayer. Irte a la cama temprano te ayudará a sentirte fenomenal al día siguiente.

La frase

«Cuando empiezo a leer algo acerca de las maldades de la bebida, dejo de leer».

HENRY YOUNGMAN

¿Cuál es tu duda?

P   Soy incapaz de hacer otra cosa al día siguiente que deambular y sentirme fatal ¿cómo puedo empezar el día más positivamente?

R   *Ve a dar un paseo. Mueve los brazos y respira profundamente. Te sentirás con más energía y habrás quemado unas pocas calorías. Durante el paseo piensa en cómo te gustaría sentirte hoy. Ten presente ese sentimiento y piensa de qué manera puedes conseguirlo. Una vez que llegues a casa en vez de vaguear todo el día en chándal, vístete con algo que te haga sentirte bien. Si necesitas más empuje queda con alguien con quien sepas que te entiendes y con quien te puedas echar unas risas.*

P   Creo que los «buffets» son la perdición de las fiestas. ¿Cómo puedo conseguir evitar ir varias veces y ser consciente de todo lo que como?

R   *Ciertamente es complicado, ¡resulta tan fácil acercarse una y otra vez sin darse cuenta! En vez de ir picando cada vez que te acercas, llena tu plato en un solo viaje con todo lo que piensas comer, y no vuelvas a aproximarte. Así podrás ser consciente de lo que realmente comes. Intenta elegir grandes cantidades de ensalada y verduras, carne y pescado a la plancha (comprueba previamente que no «nadan» en aceite) e intenta evitar la pasta, las salsas de nata y los snack demasiado salados.*

¿Te apetece un chapuzón?

Es fácil transformar un simple chapuzón en la piscina en un ejercicio. Es más, nadar (e incluso salpicar) resulta mucho más divertido si no lo vives como que estás haciendo ejercicio.

Te guste o no, todos sabemos que el estilo de vida sedentario no beneficia en nada a nuestra salud y forma física, por no mencionar a nuestros planes de adelgazamiento.

Mucha gente huye del ejercicio formal como la práctica de algún deporte o el gimnasio, porque les resulta aburrido, duro o difícil de encajar dentro de su rutina habitual. Por este motivo sugiero nadar. La mayoría lo vemos

 más como una actividad divertida y refrescante que como una tarea u obligación. Creo que hay muy poca gente que deteste nadar. Yo soy una de esas personas, pero es porque estuve a punto de ahogarme cuando era una niña y no volví a meterme en una piscina en años. Por eso prefiero siempre el gimnasio a la piscina.

Nadar es un gran ejercicio, fácil de llevar a cabo y muy divertido. Es posible practicarlo incluso con tus hijos. Puedes estar seguro de que alguien les echará un vistazo mientras tú haces algo más que salpicar siguiendo estas ideas.

Una buena idea

¡Ensilla el caballo! Montar es una alternativa genial que contrarresta la rutina del ejercicio. Con sólo sentarte en la silla ya tensas el estómago y la espalda, tonificas los muslos, glúteos y pantorrillas. Equivale a un ejercicio aeróbico.

- **Emplea diferentes estilos.** Así no te aburrirás haciendo interminables largos a crol. El estilo braza hace trabajar la musculatura del pecho, los hombros, espalda, brazos y muslos. Nadar de espaldas fortalece la musculatura superior de la espalda así como la de los brazos y el estómago. El crol se centra en los hombros, parte superior de la espalda, glúteos y aductores.

- **Emplea corchos para ofrecer resistencia extra.** Utiliza corchos para fortalecer los músculos. Para la parte inferior de tu cuerpo, sitúa un corcho en frente de ti e intenta darle patadas con tus piernas para fortalecer piernas y glúteos. Si sostienes el corcho entre tus piernas puedes centrarte en trabajar tus brazos.

- **Maximiza tu potencial de quemar calorías.** En vez de dar vueltas por la piscina tranquilamente sin salpicarte la cara, tienes que aumentar tu ritmo cardiaco para quemar más calorías. Una de las formas de hacerlo es empleando el truco de los intervalos que mencionamos en la idea 21. Nada rápido durante un largo o dos, después continúa haciéndolo más despacio hasta que te recuperes, entonces vuelve a acelerar tu ritmo. Continúa con estos intervalos durante todo el tiempo que estés nadando.

La frase

«La cura para cualquier cosa se encuentra en el agua salada: el sudor, las lágrimas o el mar».

Isak Dinesen

Idea 26. ¿Te apetece un chapuzón?

- **Sé constante.** Como con cualquier ejercicio, es necesario realizarlo de manera periódica para obtener resultados. Nada tres veces por semana veinte minutos cada día para empezar. Te sentirás más delgada y tonificada en un mes. Cuanto más sobrepeso tengas, antes notarás la diferencia. Para seguir obteniendo resultados a largo plazo debes ir aumentando el tiempo que le dedicas a hacer largos en la piscina y marcarte como objetivo conseguir ir cinco días en semana.

Otra idea más

Has conseguido mejorar tu técnica de natación, pule ahora tu técnica de compras con la IDEA 37, *Cómo comprar para estar delgado.*

- **Respira correctamente.** Respirar adecuadamente te ayudará a no sentirte exhausta demasiado pronto y a no vaciar la piscina a tragos. Piensa en respirar mientras nadas de la misma forma que lo haces cuando estás caminando. Nunca debes contener la respiración ni inhalar enormes bocanadas de aire. Con el crol, por ejemplo, cuando necesites aire, debes girar tu boca hacia tu hombro derecho o izquierdo. Cuando metas tu cabeza de nuevo bajo el agua mira hacia delante mejor que hacia abajo. Esto te ayudará con la exhalación porque tu traquea estará mas abierta. Exhala el aire despacio, con un pequeño soplido en vez de hacerlo de golpe. Mantén un ritmo constante y serás capaz de aguantar más tiempo.

La frase

«Los nadadores profesionales son como un cuchillo que corta el agua sin apenas esfuerzo. Como un torpedo humano, ellos afinan su silueta para llegar a presentar el lado más delgado que les es posible en la dirección hacia la que intentan moverse».

WEB HOBSON, CLARK CAMPBELL Y MIKE VICKERS

Adelgaza sin dietas

¿Cuál es tu duda?

P   Mi técnica nadando no es buena. Me limito a nadar de espaldas y a braza. ¿Realmente hago el ejercicio adecuado?

R   *Las clases de natación no son sólo para los niños. La mayoría de las piscinas tienen instructores. Apúntate. Notarás la diferencia con unas pocas clases.*

P   Quiero nadar a la hora de comer, pero a esa hora suelo estar hambrienta. Como no es aconsejable nadar con el estómago lleno, ¿qué podría hacer?

R   *Prueba a tomar un tentempié rápido, algo así como una pieza de fruta y un vaso grande de agua media hora antes de nadar. Esto debería poner fin a tu hambre.*

P   Me gusta el agua pero me aburre nadar. ¿Cómo puedo conseguir que me resulte más divertido?

R   *Prueba con el «aqua-aeróbic» que resulta divertido para casi todo el mundo. Algunos ejercicios son realizados junto al borde de la piscina y otros utilizando corchos. La mayoría de las clases incluyen algún ejercicio rutinario pero nunca llegarás a aburrirte. Prueba en diferentes clases (cada instructor tiene su estilo) hasta que encuentres el que más te guste.*

¿Pueden los productos de belleza ayudarte a adelgazar?

Hay lociones, pociones y tratamientos que prometen todo tipo de milagros, incluyendo la pérdida de centímetros y la desaparición de las carnes «flojas». Pero, ¿merece la pena el dinero que cuestan?

Es una idea atractiva. Échate esa crema un par de veces por semana y tus michelines desaparecerán.

Tengo un amigo que defiende que estas cremas deberían incluir un logotipo con el típico símbolo de prohibición que «tachara» una galleta de chocolate, de forma que indicara que para perder peso, también tienes que cuidar la alimentación… bueno, incluso que es mejor que cuides lo que comes que gastar el dinero en productos milagrosos. Pero es un cínico, y además hombre, y los hombres normalmente no creen que aplicarse cremas a sí mismo sirva para algo. Prefieren que se la untes tú, junto con un masajito, después de comerse un almuerzo fabuloso que, por supuesto has comprado, cocinado y limpiado tú (sin mentar que has mandado a los niños a la cama, has dado de comer al perro y has pasado un rato agradable pasando la aspiradora por toda la casa). Pero bueno, basta de meternos con los hombres. Esta idea sirve tanto para hombres como para mujeres.

Una buena idea

Toma rayos uva para ponerte morena. El moreno provoca que te veas más delgada, al destacar los músculos y las curvas. Lo mejor es que te pongas en manos de un profesional. Cinco sesiones pueden ser suficientes.

Dependiendo de tu experiencia personal, los tratamientos de belleza pueden ser útiles o una pérdida total de dinero, tiempo y esfuerzo. La industria cosmética siempre está preparada para lanzar un estudio científico que demuestre que su crema X realmente ayuda a perder centímetros o refinar la silueta. Mientras, la mayoría del resto de médicos y científicos defenderán que la diferencia entre usar este tipo de producto y no usarlo, si la hay, es mínima. Los anuncios publicitarios están regulados y no pueden mentir descaradamente, por lo que es difícil saber cuánto de verdad hay en estos productos. Las revistas y periódicos serios realizan sus propios estudios y generan información y recomendaciones bastante independientes.

Creo que algunos de estos tratamientos funcionan realmente, aunque durante un corto espacio de tiempo. También creo que no se debe subestimar el elemento psicológico de estas soluciones. No hay duda de que cuidarse a uno misma ayuda a sentirse mejor. Cuando te sientes bien, estás motivada, positiva y aumenta tu confianza, que es el acicate que necesitas para perder peso.

A continuación te muestro mis opiniones sobre las distintas soluciones:

TRATAMIENTOS DE SALÓN

Normalmente, estos tratamientos consisten en ser masajeada, envuelta de forma que se sude o en recibir algún tipo de corriente eléctrica indolora. El masaje, sin duda, relaja y se vende como estimulador del sistema linfático,

Idea 27. ¿Pueden los productos de belleza ayudarte a adelgazar?

el cual elimina fluidos de tus tejidos. Te sentirás mejor después del masaje, pero no más delgada. Cuando nos envuelven como a una momia, podemos perder algunos centímetros (pero sólo perdemos líquido), por lo que es perfecto para sentirse un poco más delgada ante una ocasión especial. Es lo mejor cuando se busca una pérdida inmediata. Los impulsos eléctricos estimulan los músculos haciendo que trabajen mientras estás tumbada y lees una revista. Pero se obtienen mejores resultados realizando ejercicio de forma regular.

Otra idea más

Para saber más sobre cómo mejorar el aspecto mientras se pierde volumen, mira la IDEA 38, *Alternativas al chándal*.

CREMAS REDUCTORAS DE GRASAS

A pesar de los anuncios, no creo que sirvan para mucho, a menos que comas menos y te muevas más. En cualquier caso, sirven para que tu piel esté más suave, lisa y sedosa.

LAVATIVAS

Este tema es muy controvertido. Se basa en el principio de que los residuos tóxicos se almacenan en tu intestino delgado. Cuando se expulsan, se reactiva el metabolismo y ayuda a la eliminación. Si te parece una buena idea tener insertado en el ano un dispositivo con varios litros de agua moviéndose por tu interior, «tú misma». Aunque algunos especialistas en medicina alternativa defienden que es totalmente seguro y que incluso es positivo emocionalmente hablando, hay muchos médicos de la medicina tradicional que rechazan la idea y que, incluso, defienden que es peligroso.

Adelgaza sin dietas

La frase

«Después de los cuarenta, las mujeres han de elegir entre perder su figura o su cara. Mi consejo es que cuides tu cara y te mantengas sentada».

BARBARA CARTLAND

¿Cuál es tu duda?

P Una amiga me ha recomendado el «cepillado de la piel» para combatir la celulitis. ¿Sabes si funciona?

R *Yo soy una fan del «cepillado de la piel». Consiste en usar un cepillo seco y realizar movimientos (siempre en dirección al corazón) sobre tus piernas, brazos y torso. Sin duda, es bueno para la piel y mejora la circulación. No creo que tenga incidencia sobre la celulitis, aunque usado en combinación con masajes, dieta y ejercicio, la mantendrá a raya.*

P He oído hablar de unas medias adelgazantes recientemente. ¿Puedes darme más información?

R *Las medias de café son iguales que las medias normales, pero están impregnadas con cafeína que es absorbida lentamente por la piel. La idea es que la cafeína incrementa la actividad metabólica, provocando la pérdida de volumen. Un estudio probó que todos los voluntarios perdieron volumen en la cintura y en la cadera. Normalmente, sería cínica, pero en este caso, creo que debo abstenerme. Puedes encontrar más información (en inglés) en la web www.palmers-shop.com.*

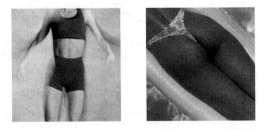

28

Sólo para miembros... del club

Los clubes de adelgazamiento prometen resultados, pero ¿para qué sirven? ¿Son útiles o sólo un gasto más para tus maltrechas arcas?

Los motivos por los que es tan fácil ganar peso y tan difícil perderlo, dependen de cada persona. Si en tu caso notas falta de motivación y estímulo, un club de adelgazamiento puede ayudarte.

Hay millones de personas que pertenecen a clubes de adelgazamiento. Aunque la mayoría de miembros son mujeres, poco a poco también van integrándose los hombres. Los expertos coinciden en que los clubes serios llevan a cabo un gran trabajo, ya que el apoyo de otros suele ser esencial cuando uno está tratando de perder peso. Ofrecen mucha información, consejos y trucos para lograr perder peso a largo plazo. Por supuesto, no todos los clubes son iguales; por ejemplo, algunos son más caros que otros. Algunos incluyen una sesión de ejercicio físico, mientras que  otros no hablan casi de hacer ejercicio. Antes de apuntarte a un club, es conveniente que prepares una batería de preguntas para formulárselas al encargado del mismo. Estas preguntas deberán permitirte saber si es el club que necesitas. Utiliza las siguientes para empezar:

Una buena idea

Pide a tu entorno (en la oficina o en casa) que te escriban en un papel la comida que más les reconforta. ¿Observas alguna tendencia según el sexo? Los hombres y las mujeres comen diferentes tipos de comida para reconfortarse. Los hombres prefieren alimentos como los purés de patatas y la pasta, mientras que las mujeres prefieren tentempiés instantáneos, como el chocolate o las galletas. ¿Será que los hombres normalmente no tienen que cocinar?

1. ¿Hay alguna prueba de que los métodos del club son eficaces? Además de las recomendaciones y de las historias de los propios miembros del club, ¿disponen de algún dossier de prensa en que aparezcan citados sus logros? En caso afirmativo, asegúrate de que dicha prensa es independiente, y no un folleto interno del propio club.

2. ¿Cuál es el precio del club y qué incluye? ¿Hay que realizar algún pago adicional para asistir a las sesiones especiales, para acceder a las comidas o a los suplementos recomendados en el club?

3. ¿Te conviene el lugar en el que se llevan a cabo las sesiones? Ten en cuenta tanto el tiempo como la distancia existente. ¿Hay posibilidades de seguir el programa por Internet o a distancia?

4. ¿Cuáles son las reglas del club? ¿Es un club que se centra exclusivamente en adelgazar? En caso afirmativo, ¿cuáles son las líneas maestras que tienes que seguir? ¿El ejercicio físico está incluido en las sesiones o en las recomendaciones? ¿Tienen algún programa especial para vegetarianos? Pregunta sobre la existencia de charlas de motivación y de asesores de imagen, ya que son extras que sin duda aumentan las posibilidades de éxito de un club.

Otra idea más

«Nunca pertenecería a un club que admitiera como socio a alguien como yo».

Groucho Marx

5. ¿Cuál es la pinta de un menú del día de los que ellos proponen? ¡Averígualo cuanto antes!

6. ¿Disponen de servicio «postventa»? Esto es, cuando logras llegar a tu peso objetivo, ¿ofrecen plan de mantenimiento incluido en el precio?

7. ¿Puedes asistir a una sesión para ver cómo es? Es muy importante ver cómo te sientes en el grupo y conocer cómo son el resto de los miembros de dicho grupo. Asegúrate de sentirte a gusto con la red de apoyo que te ofrecen.

Otra idea más

¿Has descubierto ya las propiedades del agua? Es maravillosa para tus niveles de energía, para tu piel y, por supuesto, para tu tipo. Ve a la IDEA 15, *La importancia del agua*.

Además de los clubes de adelgazamiento, también puedes obtener un programa de adelgazamiento de tu médico de cabecera, del endocrino de tu hospital e, incluso, de tu gimnasio. No respondas a los anuncios del tipo «¡Se busca! Personas con sobrepeso que quieran perder 15 kilos en 30 días. Sin pasar hambre. Sin hacer ejercicio». Normalmente, detrás de estos anuncios hay un producto que están intentando promocionar, como píldoras de adelgazamiento o algún producto sustitutivo de la comida. Lo más seguro es que te inviten a una reunión en la que te enseñen varios casos del tipo «Así era yo antes... y así soy ahora», y en la que varias personas te vendan las bondades del producto. Entonces... ¡boom! «Aquí tienes tu dosis mensual»... que cuesta casi la mitad de tu sueldo. Aunque sea seductor, perder una gran cantidad de peso rápidamente no tiene sentido. Lo que perderás será agua y masa muscular, que volverá a aparecer en cuanto vuelvas a hacer vida normal. Si lo intentas con píldoras adelgazantes que no estén perfectamente probadas y legalizadas, lo único que conseguirás, además, es poner en peligro tu salud. Hazme caso, utiliza los métodos que se sabe que funcionan.

La frase

«Las mujeres tienen más posibilidades de adelgazar y de mantenerse delgadas en grupo que de forma individual»

BBC. CCONCLUSIONES DEL ESTUDIO DE DIETAS 2003

¿Cuál es tu duda?

P ¿Hay algún club determinado que recomiendes?

R *Creo que Weightwatchers es impresionante y conozco muchas personas que han perdido peso con ellos. Sarah Ferguson, la Duchesa de York, es una de sus famosos fans (aunque ellos le pagan). Weightwatchers ofrece una dieta equilibrada que usa un sistema de puntos y en el que no hay comidas prohibidas. Puedes ganar puntos extra con ejercicio, y pueden guardarlos para el día siguiente, lo cual es perfecto, por ejemplo, si tienes una cita para cenar. Tienen su propia marca de comida que animan a consumir. Sin duda, esto facilita la vida diaria, pero yo sigo prefiriendo la comida hecha en casa. En las reuniones, proporcionan muchos trucos. Comprueba qué clubes tienes cerca de tu casa. Muchas de las organizaciones de cierto tamaño disponen de servicios on-line, pero creo que el contacto personal es más efectivo.*

P ¿No me voy a encontrar con personas terriblemente competitivas? ¿No seré el último de la clase?

R *Algunas veces, algo de competencia no es mala. Siempre que esté controlada (esto no incluye liarse a mamporrazos con los compañeros del grupo), la competencia es una buena motivación. A lo mejor puedes llevar a alguien contigo que te apoye. ¿Podría ir tu pareja contigo? No desistas, sigue acudiendo a tus reuniones y pronto serás la primera de la clase.*

29

Pierde peso mientras duermes

¿Qué tiene que ver el dormir con el perder peso? Mucho más de lo que piensas. Por eso, ponte el pijama, que yo te arroparé mientras te lo explico.

Una famosa actriz de Hollywood achacaba su belleza y su tipazo a que dormía mucho. Parece que no era raro que pasara 24 horas enteras en la cama.

Estoy segura de que su cocinero particular, sus entrenadores, los maquilladores, los peluqueros, los acupunturistas, los aromaterapeutas y todo ese personal que tiene alrededor también tenían mucho que ver con su apariencia física, pero pensar en el sueño como una ayuda para sentirse mejor y más atractiva tiene mucho sentido. Además de dar al cuerpo tiempo para recargar pilas y recuperarse de los esfuerzos, un sueño de calidad hace que te sientas en la cima del mundo. Sólo hay que pensar cómo te sientes cuando no has dormido bien: cansada, falta de concentración y de energía, de un humor de perros y… hambrienta. Estudios realizados en los Estados Unidos, han demostrado que las personas que no duermen bien tienen muchas más posibilidades de ingerir comidas y bebidas que contienen mucho azúcar y un alto contenido graso. La idea básica es que si no recuperas energía en el sueño, tu cuerpo te pedirá recuperarla con una comida rápida.

Según otro estudio americano, no dormir bien de forma continuada afecta a la forma en que tu cuerpo metaboliza los carbohidratos hasta en un 40%.

Una buena idea

Cuidado con el café. ¿Sabías que un café con leche grande hecho con leche entera puede llegar a tener hasta 260 calorías? Un capuchino con leche desnatada tiene 100 calorías, mientras que el café solo prácticamente no tiene calorías. ¿Cuál sueles tomar?

Mientras dormimos, nuestros cerebros pasan por varios estados. Un primer estado en el que el sueño es ligero, pasando a un sueño profundo (o sueño reposado) y terminando en un sueño llamado REM que se caracteriza por un movimiento rápido de los ojos debajo de los párpados (aunque el cuerpo no se mueve). Los expertos suelen coincidir en que el cuerpo se recupera en el sueño profundo, mientras que el cerebro lo hace durante el sueño REM. Necesitas por tanto ambos tipos de sueño para recuperarte física y mentalmente. Se ha demostrado que interrumpir el sueño REM aumenta el apetito.

¿CUÁNTO NECESITAS DORMIR?

La cantidad de sueño necesaria varía según las personas. La mayoría de nosotros necesitamos entre seis y diez horas, con una media de ocho. La cantidad ideal para ti es la que logre que te levantes fresca y llena de energía para afrontar el día. Además de la cantidad, la calidad del sueño es también importante y hay algunas cosas que puedes hacer para mejorarla. Si te pasas el día cansada, perezosa y con un poco de hambre constante, comprueba tu «higiene del sueño»… (término que les encanta a los expertos en el sueño).

Idea 29. Pierde peso mientras duermes

Otra idea más

Eliminar los carbohidratos de la dieta puede provocar problemas al dormir. ¿Quieres saber cuáles son los pros y los contras de las dietas ricas en proteínas y bajas en carbohidratos? Mira la IDEA 40, *Créeme, soy médico.*

SEIS CONSEJOS PARA DORMIR MEJOR

- Reserva el dormitorio para dormir. Intenta no llevarte trabajo a la cama, ni comer o ver la televisión allí. La televisión fomenta el consumo de tentempiés y no crea una atmósfera de descanso. El dormitorio debe estar a una temperatura agradable, a oscuras y en silencio.

- Deben evitarse los estimulantes, como el alcohol y la cafeína, antes de irse a dormir, ya que provocan nerviosismo y suelen desembocar en el temible «dar vueltas en la cama». Puede que no lleguen a despertarte, pero sí afectarán a tu calidad de sueño y terminarás deseando tentempiés altos en calorías.

- Siempre que puedas, mantén una pauta en las horas a las que te vas a dormir y a las que te levantas. Si duermes mal, puede merecer la pena dejar de levantarse tarde los fines de semana, ya que interfiere en el ritmo natural de tu cuerpo.

- Si tu pareja ronca o el gato del vecino no te deja dormir, prueba con los tapones para los oídos.

- Cuando no puedas dejar de darle vueltas a la cabeza o te sientas inquieta, imagínate guardando las preocupaciones en un cajón, cerrándolo con llave y diciéndote en voz alta «mañana me ocuparé de esto». Otra opción consiste en leer un par de capítulos de un libro ligerito. No se te ocurra leer nada que te vaya a provocar la más mínima agitación o que sea muy profundo. Quieres dormirte, no solucionar los problemas del mundo.

123

Adelgaza sin dietas

■ Prepárate una bebida caliente o un vaso de leche (desnatada, por supuesto). Aunque no hay evidencias de que esto ayude a dormir, la verdad es que reconforta mucho.

La frase

«Acostarse pronto y levantarse temprano dan salud al hombre».

BENJAMIN FRANKLIN

¿Cuál es tu duda?

P A menudo tengo calambres nocturnos en la cama. ¿Tiene relación con la dieta? ¿Mi cuerpo está bajo de algún nutriente concreto?

R *Es poco probable; en realidad, se cree que los calambres se deben a una carencia de productos en los músculos, debidos a problemas circulatorios. Realizar ejercicio regularmente puede evitar los calambres, además de quemar calorías, lo cual también ayuda a perder peso. Utiliza también este ejercicio de estiramiento: ponte de pie a un metro de la pared y dóblate hacia ella manteniendo los talones en el suelo. Mantén la postura entre 10 y 15 segundos y repite el movimiento.*

P ¿Qué puedo tomar cuando me noto baja de energía sin arruinar la dieta?

R *Puedes probar con un paseo vigoroso para reanimarte. Algunas veces, lo único que necesitas es un cambio de aire. O comer algo que te proporcione una subida de energía, pero que sea duradera, como una fruta, un sándwich vegetal (con pan integral), un poco de queso (bajo en grasa), una rodaja de pollo sobre una rebanada de pan tostado o un cuenco de cereales sin azúcar con leche desnatada. Y recuerda, si duermes bien y haces el suficiente ejercicio, no necesitarás estos extras de energía casi nunca.*

30

¿Qué pone la etiqueta?

En la etiqueta hay un pequeño logotipo que marca el alimento como saludable, por tanto es bueno para mí, ¿verdad? Además, bajo en grasas significa que puedo comer más cantidad, ¿no? Pues... ¡no y no! Aprende a leer las etiquetas. Te ayudará a perder peso.

Soy casi una fanática de las etiquetas y no es que se trate de mi literatura preferida. Si lees las etiquetas de los alimentos, puedes transformar tu cuerpo, ya que tendrás mucha más información sobre lo que estás comiendo.

No es que yo tenga esta lectura como hobby. Tuve que empezar a leer las etiquetas cuando a mi hija le detectaron una alergia a los cacahuetes. Los cacahuetes pueden estar escondidos en todo tipo de alimentos y una reacción alérgica puede ser fatal. Una vez que empiezas a leer las etiquetas, descubres cosas muy interesantes: zumos que contienen aceites vegetales, por ejemplo, o algo que parece un delicioso yogur de frutas, en el cual la fruta sólo aparece en el nombre. Esos 100 gramos de tu queso chedar favorito pueden tener hasta 410 calorías y 34 gramos de grasa.

Una buena idea

Compara las etiquetas de distintas barras de pan la próxima vez que vayas al supermercado. El pan es un alimento muy saludable (sobre todo si es integral), pero la grasa existente en cada rebanada puede variar mucho entre las distintas marcas, de unas 60 calorías y 0,9 g. de grasa por rebanada a 115 calorías y 2,7 g. de grasa (incluso más).

Para empezar, debes saber que las etiquetas de los alimentos indican la fecha de caducidad y el país de origen. También incluyen una lista de ingredientes, en orden descendiente según la cantidad existente de cada uno. Es curioso cuando compras un producto cárnico y ves que la carne no es el primer ingrediente que aparece, sino ¡el tercero o el cuarto! Las etiquetas también proporcionan un desglose nutricional, normalmente por cada 100 gramos del alimento. Algunas veces, se utiliza el concepto de CDR (cantidad diaria recomendada) o RDA (en inglés), que indica la cantidad diaria que el gobierno sugiere como necesaria para una dieta completa. Puedes comparar la CDR con otros datos de la etiqueta como las calorías, la grasa, las proteínas, etcétera. Toda esta información es útil cuando se comparan alimentos similares en el supermercado. Es un poco más complicado cuando se encuentran pequeños logos con palabras como «ligero» o «bajo en grasas». Cuando estás intentando perder peso, estos logotipos y etiquetas atraen mucho, pero no les des más valor del que tienen. Vamos a ver lo que significan:

■ **Ligero/*light*.** Aunque se fomenta que los fabricantes indiquen el significado de este término en cada caso, no hay leyes que determinen cuánta grasa o cuántas calorías puede haber en un alimento calificado como «ligero». La única forma de saber si realmente es tan dietético como indica el nombre consiste en comparar los valores nutricionales de la etiqueta con un producto similar que no contenga el título de «ligero o *light*». Mira el desglose nutricional de los 100 gramos y podrás

Idea 30. ¿Qué pone la etiqueta?

sacar tus propias conclusiones. Aunque un producto sea bajo en grasas, puede contener las mismas calorías que uno normal; por ejemplo, porque le hayan añadido azúcares para compensar.

Otra idea más

¿Crees que puedes tener alergia a algún alimento? Mira la IDEA 39, *Si como eso, mi alergia hará que parezca una paella llena de granos.*

■ **Bajo en grasas/sin grasa.** Dependiendo del país, la normativa varía. Pero, por regla general, para utilizar una etiqueta que indique que un producto es «bajo en grasas» (o «de bajo contenido en grasa») ha de contener menos de 3g. por 100g. de alimento. Para usar la etiqueta «sin grasa» debe tener menos de 0,15g. por 100g. de producto. Por eso, cuando se lee en la etiqueta «90% libre de grasas», quiere decir que puede tener un 10% de grasa, mucho más que un alimento bajo en grasas. ¿Confusa? Es normal. Lo que quiero decir es que es mejor buscar alimentos «bajos en grasa» o «sin grasa» que dejarse embaucar por otro tipo de etiquetas que buscan precisamente dicha confusión. Por supuesto, haz lo que quieras, ¡pero estás avisado!

La frase

«Es importante conocer las leyes vigentes sobre el etiquetado: un yogur de fresa debe contener fresa. Un yogur sabor a fresa ha tenido un breve contacto con la fruta, mientras que un producto realizado a partir de extracto de fresa, no ha visto una fresa en su vida».

FELICITY LAWRENCE, AUTOR DE *NOT ON THE LABEL* (NO EN LA ETIQUETA).

■ **Con menos grasa.** Suena bien, pero se recomienda usarlo sólo en alimentos que tienen menos de tres cuartos de la cantidad de grasa que contiene un producto estándar. De nuevo, para saber realmente lo que se está comprando, tienes que comprobar los valores nutricionales con el producto original. Por ejemplo, la salsa taramasalata con menos grasa contiene 25g. de grasa por 100g. de producto. Es mejor que la taramasalata estándar, pero no es la mejor opción al elegir la salsa (la salsa de tomate es una alternativa mejor).

Por último, cuidado con los logotipos y etiquetas que contienen el texto «Saludable» (o «Bueno para la salud»). A menudo cuando se reduce la grasa en este tipo de productos, se añade una cantidad mayor de azúcar y de sal de la que tenía originalmente. Quizás se han reducido las calorías, ¡pero en una cantidad insignificante! De nuevo, lo mejor es comparar las etiquetas.

Idea 30. ¿Qué pone la etiqueta?

P   Si 3g. cada 100g. es bajo en grasa, ¿cuánto es mucha grasa?

R   *Se puede decir que 20g. cada 100g. es mucha grasa.*

P   ¿Qué pasa con las comidas orgánicas?, ¿son más saludables?

R   *Bueno, es cierto que no contienen tantos aditivos, por lo que son más saludables. Tampoco suelen contener grasas hidrogenadas ni endulcorantes artificiales, pero esto no implica que sean bajos en grasa o en azúcar (los azúcares pueden ser «naturales»). De nuevo, lo que hay que hacer es estudiar la etiqueta con detenimiento para ver lo que se compra desde el punto de vista de la pérdida de peso.*

P   He oído hablar del término «azúcares escondidos». ¿Qué son y cómo puedo detectarlos?

R   *Son simplemente azúcares que son menos obvios. Por ejemplo, no se pueden ver o no se les reconoce bajo el nombre con el que aparecen. Pero están en todo tipo de productos, desde las hamburguesas a las alubias en salsa de tomate. Por eso, además de mirar el azúcar normal, el no enriquecido y el azúcar de caña (fáciles de detectar), busca ingredientes que terminen en «osa»: sucrosa, lactosa, dextrosa, además del extracto de malta, jarabe de maíz, almíbar, miel y melaza.*

31

Formas sencillas de perder medio kilo a la semana sin mucho esfuerzo

Intercambio de comidas, reducir los antojos altos en calorías y moverse un poco más te ayudarán a lograr una pérdida de peso realista a largo plazo. Combina estos trucos y te sentirás mejor y más delgada con un mínimo esfuerzo.

A la hora de tomar un tentempié, siempre hay una opción con menos grasa o un modo de cocinar con menos calorías. Pensemos en una de mis comidas favoritas, la ensalada César. Es una ensalada, luego es buena, ¿no? ¡Error!

Por desgracia, la ensalada César tiene uno de los aliños que más se pegan a las caderas, además de suficiente queso y tropezones de pan frito como para reemplazar al plato principal de cualquier cena. ¿Qué se puede hacer ante esto? Bueno, una opción consiste en mirarla desde lejos (o mejor desde otra habitación), pero no probarla... casi ni olerla.

También se puede hacer una versión más ligera. Sustituye el pan frito por tropezones horneados, reduce bastante la cantidad de queso y echa poco aceite. Como ves, siempre hay una solución.

Una buena idea

Mastica chicles sin azúcar o lávate los dientes después de cada comida. Además de limpiar tus dientes y refrescar tu aliento, le envía un mensaje psicológico a tu cerebro diciéndole que has terminado de comer. Esta higiénica costumbre te ayudará a no comer más de lo necesario.

Uno de los mejores modos de perder un poco de peso todas las semanas consiste en hacer pequeños cambios en tu vida, tan sencillos que casi no los notarás. Es posible perder medio kilo a la semana si reduces 500 calorías al día en los alimentos que ingieres (o si las gastas haciendo ejercicio). Las matemáticas que hay detrás son muy fáciles. Medio kilo de grasa implica unas 3.500 calorías. Por tanto, divide estas calorías entre los 7 días de la semana y obtendrás la cifra mágica de 500 calorías diarias. Haz un esfuerzo más y calcula que 500g. a la semana significan 2 kilos al mes y, por tanto, ¡12 kilos en 6 meses! Empieza con las siguientes (inteligentes) ideas:

Di no a las patatas fritas

Las patatas fritas son uno de los tentempiés más extendidos, pero una bolsa de 40 gramos contiene unas 200 calorías y 10 gramos de grasa. Las versiones «light» contienen aproximadamente la mitad de calorías. Por tanto, si dejas de comer una bolsa al día, ahorrarás 500 calorías mínimo a la semana.

Evita los tamaños «gigante»

Una hamburguesa grande con patatas fritas y una bebida gaseosa contienen unas 1.000 calorías (si no más). Si no puedes evitar comerlas, pide el tamaño normal o pequeño, que reduce las calorías a la mitad.

Vigila lo que bebes

Tres vasos normales de vino blanco implican unas 400 calorías. Tres *spritzers* (vino blanco con agua mineral) tiene la mitad. Medio litro de cerveza ronda las 160 calorías, mientras que la clara tiene bastante menos. Evita también los cócteles: una piña colada tiene casi 225 calorías, mientras que un vodka con tónica *light* sólo 60.

Otra idea más

¿Eres goloso? Prueba la IDEA 17, *Dulce tentación.*

La bicicleta

Además de ser una actividad ecológica, montar en bicicleta es un ejercicio divertido. Una hora en bicicleta implica cerca de 500 calorías.

Cambiar el sándwich

Si comes en el trabajo, utiliza una salsa baja en grasa en lugar de mantequilla en los sándwiches. Ahorrarás unas 500 calorías a la semana.

Medita la cena de los sábados

Si el sábado pides comida a un restaurante chino (o vas a ir a comer a uno), pide mejor un Chow Mein de pollo y arroz cocido que pollo (o cerdo) agridulce con arroz frito. Ingerirás 500 calorías menos.

Anda más

Si vas andando para ir al trabajo, para ir de compras o simplemente como entretenimiento, perderás unas 250 calorías la hora. Bueno, siempre que lleves un ritmo ligero.

Lava el coche

Ahorra dinero y quema energías adecentando el coche. Lávalo, sácale brillo y aspíralo por dentro. Quemarás unos cuantos cientos de calorías.

La frase

«Otro buen ejercicio reductor consiste en poner ambas manos sobre el borde de la mesa y empujar hacia atrás».

Robert Quillen

Elige el café que tomas

Puedes ahorrar hasta 170 calorías si tomas el café con leche desnatada en lugar de un capuchino preparado con leche entera.

El picoteo en las fiestas

¿Crees que esos pequeños mordisquitos no cuentan? Un par de cucharadas de salsa tzatziki contienen unas 40 calorías. Dos cucharadas de salsa taramasalata, sin embargo, son unas 130 calorías. Una rebanada de pan blanco con una buena capa de paté de carne puede significar unas 250 calorías, mientras que la misma rebanada de pan de centeno con salmón ahumado sólo son 130 calorías. La misma cantidad de embutido que implica unas 70 calorías, se convierte en unas 200 cuando los enrollamos y los metemos en un rollito o pastel.

Idea 31. Formas sencillas de perder medio kilo a la semana sin mucho esfuerzo

¿Cuál es tu duda?

P El queso es mi debilidad. ¿Cómo puedo perder peso y darme algún capricho?

R *Corta porciones de queso del tamaño de una caja de cerillas y disfrútalo con una pieza de fruta madura. Algunos quesos engordan más que otros. Cada 30 gramos de queso chedar, por ejemplo, tienen 124 calorías y unos 10 gramos de grasa. La misma cantidad de camembert tiene 90 calorías y 7 gramos de grasa, mientras que el queso feta tiene 75 calorías y 6 gramos de grasa. Compara las etiquetas para elegir el más adecuado. También puedes probar a rallar el queso sobre una tostada o una galletita salada, en lugar de tomarlo a rodajas. Tomarás menos calorías sin perder mucho sabor.*

P Estoy muy ocupada y no tengo tiempo para andar o montar en bicicleta, por lo que no puedo usar estas ideas para quemar calorías.

R *En última instancia, tienes que encontrar la forma de planificar algo de ejercicio físico durante la semana. Puedes empezar por sesiones de menor duración. Por ejemplo, si tienes planificado dedicar 30 minutos diarios a andar, hazlo en tres sesiones de 10 minutos cada una. Puedes andar 10 minutos antes del desayuno, otros 10 antes del almuerzo y otros 10 antes de la cena. Creo que esto lo puede hacer todo el mundo.*

P ¿Ayuda a adelgazar no comer después de cierta hora de la tarde?

R *No se ha probado ninguna relación entre comer por la noche y ganar peso. Muchas personas comen más en la cena, especialmente si comen fuera de casa. Ten en cuenta que el metabolismo no se ralentiza al caer la tarde, ¡pero sí lo hace mientras duermes!*

32

Alegría... y alcohol

Es sociable, mejora el humor, está delicioso... pero el alcohol puede arruinar tu dieta. ¿Cuándo debes dejar de beber?

Algunas dietas prohíben expresamente el alcohol. Otras, te permiten beber pequeñas cantidades. Personalmente, yo soy partidaria de la escuela «de todo un poco, pero con moderación». La idea es que si te privas de todo, no serás capaz de seguir el régimen.

El inconveniente del alcohol es que el primer vaso invita al siguiente... y así sin parar. Y aquí es donde radica el verdadero problema.

Por lo general, las autoridades sanitarias recomiendan una ingesta máxima de alcohol de 21 unidades para los hombres y 14 para las mujeres. Son recomendaciones bastante conservadoras y prudentes, por lo que tomar un poco más de alcohol no supone ninguna amenaza seria para la salud. Tienes que tener una idea más o menos clara de lo que implica una unidad de alcohol. Una unidad es desesperantemente pequeña. Pienso que aproximadamente se corresponde con una caña de cerveza, un vaso pequeño de vino (125 ml) o un chupito de licor (25 ml). Normalmente, es difícil seguirle la pista a las unidades de alcohol ingeridas, sobre todo si se bebe en casa o se pide un vaso «grande» de vino en los restaurantes. Algunos restaurantes parece que sirven media botella de vino en cada copa, lo cual debe de ser bueno para su facturación, pero de un golpe nos «vierten» en nuestra copa 4 unidades de alcohol y unos cuantos cientos de calorías.

Los médicos estiman que cuando una persona calcula el alcohol que ha bebido, se equivoca ¡en un 50%! y siempre a la baja. Por ese motivo, es una buena idea controlar el alcohol ingerido durante un periodo mínimo de un par de semanas, con el fin de poder decidir si hay que cambiar nuestra actitud ante el alcohol. Entre los peligros para la salud del exceso de alcohol, destacan que daña al hígado, que provoca cambios de humor y la malnutrición. Por supuesto, si la ingesta excesiva de alcohol es habitual hay que acudir a un especialista en busca de ayuda. Se estima que ocho unidades diarias para los hombres y seis para las mujeres con-

ducen a una situación de daño a largo plazo para la salud (un 20% de los bebedores terminan desarrollando una cirrosis hepática). Se considera que es mejor para el hígado (y no digamos para tu resaca) dispersar la ingesta de alcohol a lo largo de la semana, en lugar de tomarlo todo junto en un mismo día. Intenta estar el máximo número de días posible sin beber nada.

Una buena idea

Si comes fuera de casa, evita tomar alcohol, sobre todo en el aperitivo. Además de aportarte muchas calorías, evitará que tengas la cabeza fría en el momento de pedir la comida. El alcohol tiene la extraña habilidad de hacerte creer que los rebozados, los dulces y el vino son perfectos para la dieta.

ALCOHOL Y DIETA

El alcohol está lleno de calorías, lo cual le da al cuerpo un «subidón» instantáneo de energía; pero poco más, ya que el alcohol tiene pocos nutrientes de los que alardear. Se calcula que para perder medio kilo hay que dejar de ingerir 3.500 calorías, por lo que para perderlo en una semana, es necesario reducir 500 calorías al día. Medio litro de cerveza aporta unas 350 calorías,

Idea 32. Alegría... y alcohol

por lo que es fácil entender porqué es importante reducir el alcohol para adelgazar. Además, el alcohol invita irremediablemente a picar algo. Es increíble lo rápido que vacías el plato de cacahuetes o de patatas fritas cuando estás tomando unas copas. Sin citar lo sencillo que es hacerse un sándwich de jamón york, queso y mayonesa cuando una ha bebido... olvidándose de las comidas sanas durante un rato. Y aunque hay algunas personas que no son capaces de probar bocado tras una noche bebiendo, la mayoría de nosotras lo que hacemos es «empapar» la borrachera comiendo sin parar (y sin mirar lo que comemos). Está claro que el alcohol relaja nuestra disciplina a la hora de cumplir nuestros buenos propósitos, por lo que es necesario controlar el alcohol para adelgazar.

Otra idea más

Es difícil resistirse a las bebidas y canapés cuando se está en una fiesta. Pero, ¿cómo te sentirás cuando veas que has perdido el ritmo de la dieta? Mira la IDEA 25, *La mañana después de la noche anterior.*

Por supuesto, hay bebidas que no engordan tanto. Si en lugar de tomar un vaso (175 ml) de vino blanco, echas la mitad del vaso de vino y rellenas el resto con soda, gaseosa o agua con gas, ahorrarás la mitad de las calorías. (Esta bebida recibe el nombre de *spritzer*). Las cervezas especiales (más fuertes) suelen llevar el doble de calorías que las normales. Los combinados bajos en calorías también ayudan a reducir el problema, por ejemplo, el vodka con tónica baja en calorías. Por tanto, puedes pasarlo bien... sin necesidad de inflarte.

La frase

«Sólo el café irlandés proporciona en un único vaso los cuatro tipos esenciales de alimentos: alcohol, cafeína, azúcar y grasa».

ALEX LEVINE

¿Cuál es tu duda?

P Estoy leyendo continuamente que el vino es bueno para la salud. ¿Es cierto?

R *Los estudios sugieren que el vino (en particular el vino tinto) puede ayudar a prevenir ataques y enfermedades cardiacas. Recientemente, también se ha descubierto que el vino contiene un antioxidante (el reservatrol) que protege frente a enfermedades de pulmón. La mayoría opina que estas ventajas tienen más incidencia en los hombres a partir de la mediana edad que en los jóvenes y mujeres. Lo más sensato es beber dentro de las cantidades recomendadas y disfrutarlo, en lugar de pensar que bebiendo haces un favor a tu salud.*

P Es muy difícil parar tras el primer vaso de vino. Lo mismo me pasa con las galletas. Abro un paquete y no paro hasta que lo termino. Con el vino, me bebo la botella entera sin dificultad.

R *Lo mismo me pasa a mí… Será una adicción o simplemente glotonería, ¿quién sabe? Por supuesto, también puede suponer un problema de salud. Si lo haces a menudo, terminarás con un serio problema de alcohol. Pero no poniéndose tan melodramáticos, una forma de resolver el problema consiste en pedir un vaso de un vino caro y desarrollar todo un ritual alrededor del mismo. Utiliza una cubitera con hielo o sírvelo como si estuvieras en un restaurante para olerlo, probarlo y saborearlo. Prométete que vas a tomar sólo un par de vasos, pero que los vas a saborear como nunca. Espera hasta una hora determinada y bébelo lentamente. Si estás fuera de casa, nómbrate a ti misma como conductora, y así sólo podrás beber una copita.*

33

Al llegar la mediana edad...

Conforme te haces mayor, es más fácil ganar peso y más difícil perderlo. A continuación veremos por qué y lo que puedes hacer para evitarlo en la medida de lo posible.

Las generaciones pasadas aceptaban que ese par de bultos (tan poco atractivos) que salían en ciertos sitios eran «propios de la edad». Pero en nuestra sociedad actual, mucho más preocupada por la belleza, la talla y la edad, esto ha cambiado.

No hay duda de que pasados los treinta años, es mucho más difícil perder peso. Esto te molestará sobre todo si piensas que no estás comiendo de más. Hay un par de buenas razones (y muchas buenas excusas) para que ocurra esto. La clave está en identificar los posibles cambios psicológicos que te afectan a ti concretamente y actuar.

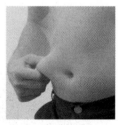

¿PUEDES TENER UN PROBLEMA DE TIROIDES?

El hipotiroidismo (el tiroides menos activo de lo normal) es una dolencia bastante común, sobre todo entre las mujeres, con una incidencia del 2%. La ganancia de peso es uno de sus síntomas más normales.

Una buena idea

Pon la mesa, cierra las cortinas, enciende algunas velas y disfruta de la cena. El entorno puede influir mucho en la cantidad que se come. La atmósfera ruidosa y colorista de los restaurantes de comida rápida y de las cafeterías estimula el apetito. Intenta relajarte comiendo en un entorno más controlado.

La glándula tiroidea controla los procesos metabólicos del cuerpo; esto es, lo rápido que se queman las calorías y la forma en que se utiliza la energía. Si padeces hipotiroidismo, tu metabolismo se volverá perezoso y seguramente te sentirás cansada, en baja forma y te será difícil concentrarte. Otros síntomas son la tensión alta y dolores musculares y en las articulaciones. Un análisis de sangre permitirá descubrir el problema, que se trata con tiroxina (una de las hormonas del tiroides). Si sospechas que tienes un problema de tiroides, acude al médico.

¿EL ESTRÉS TE ENGORDA?

Algunas personas apenas comen cuando están bajo presión, por lo que pierden peso cuando están estresadas. Pero para la mayoría de nosotros, el efecto es el contrario. No tenemos en cuenta la comida o los continuos tentempiés con los que nos agasajamos cuando terminamos de trabajar. Parece más que haya algún tipo de conexión hormonal con el estrés que hace engordar.

Nuestro cuerpo reacciona cuando estamos bajo presión. En la Edad de Piedra, esta respuesta era útil cuando nos encontrábamos ante un animal salvaje, pero hoy día, nos podemos sentir así cuando llegamos tarde a una cita importante o estamos parados en un atasco de tráfico. El cuerpo responde ante un escenario de estrés diciendo «vale, necesitamos más fuel para seguir», y libera la hormona cortisol que nos ayuda a usar las reservas de glucosa como fuel. La cortisol permanece en la corriente sanguínea una vez que ha desaparecido el nivel de estrés, continuando la estimulación del apetito para reponer las reservas de glucosa. Por eso, el estrés provoca que el cuerpo quiera más comida, aunque haya dejado de consumir más calorías de lo habitual. ¿Adivinas la consecuencia de todo esto? Pues sí, ganar peso. Algunos expertos también defienden que el peso se gana debido a que la cortisol se almacena alrededor del abdomen, en lugar de en los muslos y nalgas. Esta situación no es especialmente buena, ya que las enfermedades cardiacas se asocian a la grasa situada en el abdomen.

Otra idea más

Un vaso de vino después de trabajar o una galleta con una taza de té te proporcionará un montón de calorías. Controlar lo que se come (y descubrir dónde estás saboteando tu dieta) es fácil utilizando un diario de comidas como se explica en la IDEA 6, *Habitúate a escribirlo todo*.

Si te parece que esto te puede estar pasando a ti, puedes intentar las dos ideas siguientes. Primero, asegúrate de que tienes un buen número de tentempiés bajos en calorías cuando preveas que vas a tener un periodo de estrés. Si tienes chocolate, patatas fritas y pasteles, será lo que comas. Si tienes ensaladas (de las que no engordan), rollos de carne con un relleno sano, frutas, etcétera, conseguirás saciar tus ataques de hambre sin ganar peso. A largo plazo, tienes que lograr combatir tus momentos de estrés con ejercicio físico, masajes, terapia e incluso, con un cambio en tu estilo de vida.

Siempre podemos buscar un montón de excusas para defender por qué ganamos peso y no tenemos forma de perderlo. Pero es mejor descubrir cuál es el motivo real. ¿Llevas una vida muy sedentaria? ¿Comes demasiado de cada plato? ¿No paras de tomar dulces casi sin darte cuenta? Si insistes en buscar excusas continuamente, nunca lograrás tu objetivo de perder peso.

La frase

«Varias excusas son siempre menos convincentes que una sola».

ALDOUS HUXLEY

¿Cuál es tu duda?

P Mi estilo de vida es eminentemente sedentario y sé que no ayuda a perder peso. ¿Cómo puedo cambiarlo para ser más activa?

R *¿Por qué no intentas usar la regla de «3 minutos cada hora»? Cada hora, levántate y anda, salta, baila, sube y baja escaleras o lo que se te ocurra durante, al menos, tres minutos. A lo largo del día, estos ratitos sumarán un mínimo de 30 minutos, que se aproxima a la cantidad de tiempo necesario para empezar a percibir las ventajas del ejercicio diario.*

P Tengo poco tiempo para comer, por lo que termino tomando cosas con muchas calorías. ¿Cómo puedo evitarlo?

R *Intenta elegir la opción más sana. ¿Podrías preparar algo en casa y llevarlo contigo? Imponte como norma sentarte en una mesa, masticar lentamente y saborear lo que estás comiendo. De ese modo, puedes recuperar la consciencia de la relación que hay entre tu cuerpo y la comida ingerida.*

P Trabajo en un entorno laboral de bastante presión que me encanta. Eso sí, creo que podría estar afectando a mi peso. ¿Tienes alguna idea para quitarse el estrés rápidamente?

R *Si puedes, sal del trabajo durante cinco minutos y acércate a un parque, o simplemente mira por la ventana fijando la vista en algún jardín cercano. Según algunos estudios americanos, reducirás el nivel de estrés, reducirás la tensión arterial y te sentirás más despejada y concentrada.*

Succionarlo: la forma quirúrgica de perder grasa

¿Es la cirugía una alternativa a la dieta cuando has perdido peso y necesitas un empujoncito? Ten claro que tiene sus riesgos, por lo que te voy a contar lo que necesitas saber sobre la cirugía estética.

Si tus dedos de los pies te parecen demasiado largos, puedes acortarlos. Puedes cambiar tu ombligo para que deje de sobresalir. Incluso puedes «comprar» el ombligo de Jennifer López si es el que más te gusta.

La cirugía estética ha avanzado mucho. Hoy día, te permite eliminar esa grasa que te sobra. Pero (siempre hay un pero) es cara, no funciona siempre y puede no hacerte más feliz. La cirugía no es una buena alternativa a comer menos y moverse más, lo cual, sin duda, es mucho más seguro y mucho más apropiado para controlar el peso. Personalmente, creo que la cirugía es el último recurso, pero si has perdido bastante peso y la pérdida de grasa ha provocado que tengas la piel colgando, alisarte el vientre puede dar un empujón a tu autoestima. Lo más importante es informarse bien, preguntar todas las dudas que surjan y buscar el mejor cirujano posible.

Una buena idea

Prueba a cortarte el pelo para lograr un cambio de imagen instantáneo. Las capas y las mechas ayudan a estilizar la cara. Para los hombres, llevar el pelo corto (pero cortado por un profesional, por favor), les hará parecerse más a George Clooney que a... (prefiero no citarle para no ofender). El cabello bien arreglado hace maravillas.

Cualquier operación implica sus riesgos. Por ejemplo, la posibilidad de contraer una infección o de sufrir una reacción a la anestesia. También es importante conocer a varios cirujanos antes de decidirse y realizar innumerables preguntas. Las seis siguientes no deben faltar:

- ¿Cuántas veces ha realizado esta operación antes?

- ¿Qué tipo de anestesia va a utilizar y quién la va a administrar?

- ¿Cuánto dura la operación y cuánto tiempo permanece el resultado obtenido?

- ¿Qué tipo de incisión va a realizar y qué tipo de cicatriz deja?

- ¿Cuánto tiempo aproximadamente dura la recuperación?

- ¿Es posible ver fotos del «antes» y «después» de otros pacientes? Mejor si te deja hablar con alguno de ellos.

LOS TIPOS DE OPERACIÓN

La liposucción es una de las opciones existentes para eliminar grasa. Se introduce un tubo fino de metal en la zona que acumula el exceso de grasa mediante una incisión en la piel. El cirujano mueve el tubo hacia delante y hacia atrás y succiona la grasa con una bomba extractora (sin tocar los nervios ni los vasos sanguíneos). Esta es la técnica básica, aunque hay algunas variaciones.

Idea 34. Succionarlo: la forma quirúrgica de perder grasa

Otra idea más

Todo lo que necesitas saber sobre la grasa en las comidas te lo cuento en la IDEA 9, *Grasas: las buenas, las malas y las feas (realmente horribles)*.

Hay un máximo de grasa que se puede eliminar de una zona concreta, por lo que es posible que te lleves un poco de decepción con el resultado final. Esta técnica tampoco elimina la celulitis y puede provocar que el exceso de piel cuelgue un poco por esa zona. Normalmente, la piel se contrae después de la operación, y puede dejar alguna marca (además de ser incómodo). Las curas pueden durar bastante tiempo y es posible que la hinchazón dure hasta seis meses. Por tanto, no es una solución válida para las «débiles de espíritu». Tampoco lo es el alisamiento de vientre (abdominoplastia). Mediante este procedimiento, se elimina el exceso de piel y de grasa, además de tensar los músculos. Hay versiones mini, estándar y especiales. Todas dejan una cicatriz, desde la más baja a la altura del bello púbico hasta otra versión de cicatriz que llega hasta la espalda. ¿Te marea pensarlo? A mí sí, pero déjame que te cuente un par de nuevos avances. Las técnicas más avanzadas incluyen la *LipoSelection* de Vaser, que utiliza tecnología ultrasónica para separar la grasa del resto de elementos antes de eliminarla. Se publicita como la más precisa, suave y menos  dolorosa, además de prometer un tiempo de recuperación muy rápido. También existe un «lifting» para la parte inferior del cuerpo, que elimina toda la piel que sobra en la cadera, los muslos y el estómago. Se anuncia como que resuelve los problemas de celulitis y alisa la piel de naranja. También puedes usar esta técnica en los brazos y en el busto. De hecho, si no te gustan tus manos o no encajan con tu nuevo y estilizado cuerpo, también tienes varias opciones entre las que elegir: disimular tus venas si se ven mucho, ahuecar la piel de las manos utilizando la grasa que te saquen del trasero... Perdóname, pero me voy a echar un rato... me estoy mareando.

La frase

«Iba a someterme a una operación de cirugía estética, pero cambié de idea cuando vi que el despacho del cirujano estaba lleno de cuadros de Picasso».

RITA RUDNER

¿Cuál es tu duda?

P   ¿Cuánto cuesta este tipo de operaciones?

R   *El precio depende del cirujano, del hospital (o compañía médica) y de la técnica utilizada. Sin embargo, el coste de una liposucción o de un alisamiento de vientre te permitiría pagar a la vez el gimnasio, un entrenador personal, un dietista y casi cualquier cosa que se te ocurra durante un año.*

P   ¿Cómo elijo al cirujano?

R   *Como siempre que se habla de un tema médico, asegúrate de que dispone de todos los títulos oficiales necesarios para realizar operaciones estéticas. Dependiendo del país, te puedes encontrar con supuestos cirujanos estéticos que no tengan titulación alguna o que tengan titulación en áreas tan dispares como peluquería o estética. Si, además de la titulación médica adecuada, pertenece a alguna asociación específica (y reconocida) del mundo de la cirugía estética, mejor que mejor.*

P   ¿Existe realmente la posibilidad de reducir el tamaño de los dedos de los pies?

R   *Pues sí. Consiste básicamente en realizar una pequeña incisión, cortar un poco de hueso y volver a dejar los tendones en su sitio. ¿El resultado? Unos dedos más bonitos.*

35

Ponte en forma sin salir de casa

Aunque sin duda el dinero ayuda a adelgazar, no tienes que apuntarte a un gimnasio caro para lograr perder peso y mantenerte delgada. Si estás motivada, hay muchas cosas que puedes hacer sin salir de casa.

Hay muchas pequeñas cosas que puedes hacer en casa para ser más activa. Todo sirve, incluso esconder el mando a distancia de la tele para tener que levantarte a cambiar de canal o subir el volumen.

Para quemar calorías y percibir la diferencia en tu cuerpo, tienes que aumentar bastante el nivel de actividad. Para muchas personas, el ejercicio en casa es la solución perfecta, ya que encaja con casi todos los estilos de vida y funciona siempre. Vamos a ver algunas ideas que pueden ayudarte a empezar:

USAR VÍDEOS

Los vídeos de gimnasia son muy baratos, siempre y cuando no te dediques a comprarlos y almacenarlos junto con la colección de películas de James Bond. Compra varios, de forma que no te aburras enseguida, y elige los que parezcan más divertidos, ya sea por estar basados en el baile o porque el presentador te resulte especialmente simpático. Asegúrate de que, al menos uno de los que compres, tengan una sección dedicada al entrenamiento en resistencia o a moldear el cuerpo; de ese modo, lograrás un resultado completo. Para el entrenamiento en resistencia, necesitarás usar tensores (las bandas elásticas) o pesas, que se pueden comprar en tiendas de deportes o en grandes almacenes. En caso de emergencia, puedes usar una lata de espárragos o una bolsa de azúcar en cada mano.

Realiza la sección de entrenamiento en resistencia del vídeo dos o tres veces a la semana, y la sección aeróbica más rápida de tres a cinco veces a la semana. Después de unas semanas, notarás que te resulta mucho más fácil y comenzarás a ponerte en forma. Si no es así, ¿no será que realmente lo que has hecho es sentarte en el sofá y ver el vídeo desde allí? En cuanto combines este nuevo hábito de ejercicio con tus nuevos hábitos alimenticios, la grasa de tu cuerpo se reducirá gradualmente.

Una buena idea

Si has corrido anteriormente y te ha resultado divertido, ¿por qué no te apuntas a un club de atletismo para mantenerte motivada? O podrías apuntarte a todo tipo de carreras benéficas, que son divertidas y mantienen la moral alta. E, incluso, ¿por qué no te entrenas para una maratón o para una media-maratón? Mira la dirección web www.coolrunning.com.

UN CIRCUITO EN CASA

Comprando un par de cosas, podrás crear tu propia versión de circuito gimnástico en tu casa. Todo lo que necesitas es una cuerda para saltar, una esterilla o un par de toallas gruesas para proteger tu cuerpo del duro y frío suelo, unas escaleras (o un *step* si no hay escaleras en tu casa) y unos tensores, que suelen traer una tabla de ejercicios.

Empieza con un calentamiento que puede consistir en subir y bajar las escaleras o en dar una vuelta a la manzana. A continuación, salta (o sube escaleras) durante otro minuto, seguido de veinte repeticiones de un ejercicio tónico usando los tensores (por ejemplo, un ejercicio que utilice la parte superior del cuerpo). Entonces, realiza un minuto de ejercicio aeróbico, seguido de otra sesión del ejercicio tónico. Esta vez, hazlo usando la parte inferior del cuerpo o lleva a cabo un ejercicio con el estómago. Continúa el circuito durante unos quince minutos y trata de hacerlo dos veces a la semana. Para avanzar, lo único que tienes que hacer es repetir los ejercicios tónicos más veces (o hacer algunos nuevos) y alargar las secciones aeróbicas. Añade una actividad puramente cardiovascular a las dos sesiones del circuito de entrenamiento y te notarás más delgado y en mejor forma en pocas semanas.

Otra idea más

Si quieres otra idea sobre un ejercicio fácil de encajar en tu estilo de vida, mira la IDEA 19, *Camina hacia tu propia delgadez*.

CORRER

Es la forma perfecta de quemar grasa, tonificar las piernas y mejorar la forma física. Para correr, es necesario disponer de un buen par de zapatillas de deportes y de ropa cómoda. Acude a una tienda especializada cuando vayas a comprarlas, merece la pena. Una forma sencilla de empezar consiste en andar unos minutos, correr durante otros pocos minutos, volver a andar, y así sucesivamente. Conforme vayas progresando, verás que cada vez corres durante más tiempo y andas menos. También es bueno comprar un pulsímetro, que transfiere las pulsaciones de tu corazón a un reloj de muñeca. De ese modo, es sencillo comprobar que estás trabajando a un nivel razonable. Para quemar grasa, necesitas trabajar aproximadamente al 70% de tus pulsaciones máximas recomendables. Eso sí, no te plantees esta meta el primer día si acabas de empezar a correr; empieza con menos y ya irás mejorando. Para calcular tus pulsaciones máximas recomendadas, resta tu edad a 220 y multiplica el resultado por 0,7. Otra forma sencilla de comprobar si te estás pasando en el esfuerzo consiste en ver si eres capaz de hablar mientras corres. Es mejor correr e, incluso, andar más despacio pero durante más tiempo que ponerse como una loca a correr y tener que parar a los 10 minutos totalmente conmocionada.

La frase

«Lo mejor de correr es que te proporciona todo lo que necesitas, ya sea un cuerpo mejor, tiempo para pensar o, incluso, algo tan radical como la confianza suficiente para tomar una decisión que cambie tu vida o afrontar un desafío que nunca pensaras tener fuerza para llevar a cabo.

SUSIE WHALLEY Y LISA JACKSON, *RUNNING MADE EASY (CORRER ES FÁCIL)*

¿Cuál es tu duda?

P   Tengo un par de vídeos de gimnasia. ¿Cómo puedo sacar tiempo para usarlos?

R   *Planifica y reserva tiempo en tu agenda para el ejercicio, como si se tratara de una reunión de trabajo. Puede sonar pedante, pero hará que te lo tomes más en serio. Recuerda que no tienes que completar el vídeo de una vez. Puedes hacer una sesión por la mañana y otra por la tarde; o una hoy y otra mañana. La clave para tener éxito está en ser constante y no dejarlo.*

P   Creo que me he estancado. ¿Cómo puedo saber si lo que estoy haciendo merece la pena?

R   *¿Por qué no pruebas a contratar algunas sesiones con un entrenador personal? Un entrenador puede cambiar tu entrenamiento para ajustarlo lo mejor posible a tus necesidades y objetivos; además, te ayudará a motivarte un poco más. En pocas sesiones, notarás que sales del atasco en que te sientes.*

P   Estoy pensando en comprar una cama elástica pequeña para hacer ejercicio en casa. ¿Qué te parece la idea?

R   *Son perfectas para recuperarse de lesiones, ya que reducen la presión sobre las articulaciones. Sin embargo, si no sufres una lesión, no es fácil trabajar con la suficiente energía como para mejorar tu forma cardiovascular usando una cama elástica. Las actividades de impacto, como la carrera continua o el aeróbic son buenas para mejorar la densidad ósea; esto no lo conseguirás con una cama elástica. Si piensas que es divertido y es la única forma de que vayas a practicar algo de deporte, ¡hazlo! Si ya realizas ejercicio de manera habitual, ahorra ese dinero y gástatelo en un par de sesiones con un entrenador personal o en unas zapatillas de deporte nuevas.*

36

Dietas peligrosas

Los desórdenes alimenticios son espantosos y suponen un riesgo serio para la salud. Aunque las causas son complejas y no están completamente estudiadas, todos debemos ser conscientes de su peligro y ser capaces de reconocer sus síntomas para detectar que estamos perdiendo el control.

A pesar de la creencia popular, los desórdenes alimenticios no son una enfermedad moderna. Se han venido produciendo durante siglos. Lo que sí es cierto es que en la actualidad se está produciendo un incremento de su incidencia.

Muchos desórdenes alimenticios se mantienen en secreto hasta que sus consecuencias son patentes en la salud. Por eso es tan difícil saber a ciencia cierta cuántas personas hay afectadas. Cada vez más personas buscan ayuda y tratamientos para ellos mismos o para algún familiar o amigo.

Los desórdenes alimenticios son difíciles de entender, ya seas tú quien lo padezcas o tengas a alguien cerca que sea el afectado. Yo creo que es aún más difícil de entender cuando somos espectadores de la enfermedad. ¿Cómo puede alguien que está famélica seguir pensando que está gorda? ¿Qué pasará por la mente de una persona que teniendo

una figura perfecta, se escabulle varias veces a la semana hasta el servicio para vomitar? ¿Cómo pueden avergonzarse de lo que comen y temer ganar peso cuando están tan delgadas?

Algunos expertos piensan que hay un vínculo entre hacer dieta y el desarrollo de desórdenes alimenticios, especialmente la bulimia. La teoría se basa en que la dieta hace que tengas hambre, lo que te incita a las comilonas, que a su vez te provocan un gran sentimiento de culpabilidad. En las personas propensas, una purga (vomitar o el uso de laxantes) ayuda a reducir dicho sentimiento de culpabilidad y «elimina» calorías.

Una buena idea

Acude a un grupo de autoayuda. Es realmente útil hablar con otros que han tenido tu misma experiencia y problemas. Pueden darte apoyo y comprensión sin que te sientas culpable.

También somos millones las que hacemos dieta y no desarrollamos este tipo de enfermedad. Se ha descubierto que las personas que tienen desórdenes alimenticios también poseen ciertos rasgos de personalidad: son perfeccionistas y difíciles de contentar, aunque tengan una baja autoestima. Cuando estos factores se combinan con problemas familiares (divorcio, pérdida de alguien cercano) o con ciertas actitudes familiares frente a la comida y al peso, la carrera hacia la enfermedad puede ser rápida.

Hay tratamientos disponibles, pero su éxito depende de que cada persona acepte o no la ayuda. Incluso en los casos en los que el enfermo acepta la ayuda de buen grado, hay un porcentaje de personas que siguen obsesionadas con el peso y con la comida el resto de sus vidas. A las anoréxicas normalmente se les prescribe un psiquiatra especialista en trastornos alimenticios, que debería de modificar la actitud de la enferma hacia la comida y devolverle a una alimentación lo más saludable posible.

Sin embargo, algunas anoréxicas son hospitalizados debido a la carencia

Idea 36. Dietas peligrosas

de líquidos y nutrientes, lo que es aún más angustioso, no sólo para sus cuidadores, sino también para la propia enferma, que siente que ha perdido el poco control que tenía sobre su vida. En el caso de las bulímicas, se ha demostrado que los antidepresivos ayudan a reducir las comilonas, pero sigue siendo esencial el tratamiento psicológico.

Comprueba si tus hábitos alimenticios o tu actitud ante la comida (o la de alguien cercano) pueden indicar algún tipo de desorden alimenticio. Si estás preocupada, acude al médico, contacta con algún grupo de autoayuda o busca información en alguna asociación de afectados por este mal (www.acab.org, www.edauk.com, www.nationaleatingdisorders.org).

Otra idea más

Céntrate en lograr un cuerpo de apariencia saludable. Vuelve a la IDEA 11, *Con amigos como yo, ¿quién necesita enemigos?*

A continuación, te muestro algunos indicadores que muestran la existencia actual o una tendencia hacia este tipo de desórdenes. No es una lista exhaustiva, pero es suficiente para detectar el problema.

■ No comes delante de otras personas, quejándote cuando tienes que comer con otros (o simplemente tienes que prepararles la comida).

■ Eres reservada en temas de comida.

■ Tienes pavor a ganar peso, aunque tengas un peso aceptable e incluso estés por debajo del peso normal.

■ Distorsionas la imagen de tu cuerpo, incluso aunque peses menos de lo normal o tengas el peso adecuado a tus características.

■ Te das comilonas de forma recurrente, comiendo mucho en poco tiempo (por ejemplo, varias veces en unas pocas horas).

■ Te avergüenzas o te sientes culpable después de haber comido, utilizando laxantes o provocándote el vómito.

La frase

«Es importante recordar que los desórdenes alimenticios son muy complejos y no son debidos simplemente a las dietas. La mayoría de las personas que hacen dieta no presentan desórdenes alimenticios».

LYNDEL COSTAIN, *DIET TRIALS: HOW TO SUCCEED AT DIETING*
(LOS PROBLEMAS DE LA DIETA: CÓMO PERDER PESO CON ÉXITO)

- Tienes obsesión con el ejercicio, realizando varias sesiones de ejercicios al día de un par de horas cada una.

- Analizas una y otra vez tu apariencia física ante el espejo.

- Tienes hábitos de comida que se acercan a verdaderos rituales para retardar la ingesta de alimentos, como la manía de cortar la comida en trozos diminutos antes de comerla.

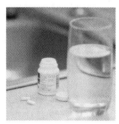

Idea 36. Dietas peligrosas

¿Cuál es tu duda?

P Pienso en la comida constantemente, especialmente sobre lo que he comido y sobre lo que voy a comer. No tengo ningún problema, ¿verdad?

R *Quizás no, pero no parece que tu relación con la comida sea todo lo saludable que debiera. Lo siento si te parezco paternalista, pero deberías pedir ayuda profesional, ya sea a un médico o a un dietista.*

P Tengo una amiga que lleva a dieta desde que la conozco. Estoy segura de que es anoréxica, pero se enfada cuando intento hablar con ella de este tema. ¿Qué debo hacer?

R *Por supuesto, sé que quieres ayudarla, pero muchas veces esta ayuda se percibe como una crítica o como una forma de presión, lo que provoca que en lugar de ayudar, se empeore la situación. Lo único que puedes hacer es estar a su lado, escucharla y darle tu apoyo. Una vez que tu amiga reconozca que tiene un problema, puedes orientarla para que acuda a una ayuda profesional, acompañarla a la consulta del médico, etcétera.*

P Me doy algunos atracones, pero no vomito ni uso laxantes. Estoy bien, ¿verdad?

R *Muchos comedores impulsivos utilizan la comida para huir de sus verdaderos sentimientos; después, sienten que la comida les hace perder el control sobre sí mismos. Si comes de forma impulsiva pero no te purgas posteriormente, debes tener bastante sobrepeso. La ayuda médica es esencial para evitar esta conducta. Ten el valor de pedir ayuda. No te arrepentirás.*

37

Cómo comprar para estar delgado

Puedes ahorrarte dinero y kilogramos comprando con la cabeza (y no con el estómago). Vamos a ver algunos trucos que te ayudarán a encontrar los mejores productos para tus michelines.

Las buenas intenciones son de elogiar, pero pierden todo su valor si se quedan en simples intenciones. Conviértelas en realidad y mantente firme.

Perder peso implica ¡hacerlo!, y no solo pensar que se debe de hacer. Significa estar preparada, y ahí es donde entra en acción el hecho de convertirse en una   compradora inteligente. ¿Cómo vamos a   preparar una comida ligera si en casa tenemos todo tipo de productos altos en calorías, no disponemos de alimentos integrales y la única leche que hay es entera? ¿Cómo vas a evitar tomarte un tentempié si tienes la despensa llena de tabletas de chocolate y de bolsas de patatas fritas? Comprar para adelgazar no es tarea fácil, pero si sigues comprando sin pensar, casi seguro que te unes al grupo de los que intentaron mantenerse delgadas y no lo consiguieron. Vamos a ver algunas cosas sobre las que deberías pensar:

No compres cuando tengas hambre. Tus ojos caerán bajo el embrujo de todo tipo de productos altos en calorías, ya que tu cuerpo estará lanzándote el mensaje «aliméntame, tengo hambre, come ahora mismo». De hecho, llegarás a pensar en improvisar un picnic en el aparcamiento del supermercado para tomar cualquier cosa antes de llegar al coche. Otra buena idea es hacer una lista antes de ir a comprar. De ese modo, comprarás realmente lo que necesites y reducirás la posibilidad de compras impulsivas. Vamos a ser serios. Nadie compra impulsivamente una lechuga… Sabes perfectamente el tipo de tentaciones a las que me estoy refiriendo.

Una buena idea

Corta un plátano en tres trozos (o en dos si es pequeño) y congélalo. Conseguirás un delicioso y saludable tentempié para cuando necesites comer algo entre horas. También puedes congelar uvas u otras frutas o hacerte tus propios polos con zumo de frutas.

Si puedes, planifica algunas comidas realmente saludables (y fáciles de hacer) y compra los ingredientes frescos. Huye de las comidas precocinadas y reducirás drásticamente las calorías que ingieres. Aunque tengan un logotipo que indique que son saludables o que son bajas en grasas, comprueba las etiquetas para ver realmente lo que llevan. Los alimentos sólo son bajos en grasa si tienen menos de 3g. por cada 100g. de producto. Evita comprar las superofertas, los tamaños familiares o los packs de varios productos en uno, a menos que sean saludables y bajos en grasa.

En resumen, tapa tus ojos y tu nariz con una máscara invisible. Es casi imposible no sucumbir ante los aromas agradables o ante las muestras gratuitas que abundan en los supermercados. Piensa que en los supermercados trabajan personas muy inteligentes cuyo único objetivo es que compremos tanto como sea posible. De hecho, la forma en que sitúan los  productos está pensada para que tengas que pasar por todas las ofertas existentes. Pero a pesar de todos los trucos que utilizan estos sesudos comerciantes, tienes que ser fuerte y decir «No gracias, hoy no quiero». Al final de tu viaje a través de estos peligrosos pasillos, has de tener en cuenta lo que te indico en los dos próximos apartados.

Otra idea más

¿Has hecho la compra y te has perdido tu clase de gimnasia? Necesitas ayuda con tu red de apoyo. Mira la IDEA 51, *Busca apoyo*.

CON EL CARRITO EN LA MANO

Llénalo con los siguientes productos:

- Integrales. No tienen menos calorías que los alimentos blancos y refinados, pero tienen más fibra y ayudan a que te sientas llena durante más tiempo.

- Muchas frutas y verduras. Cuanto más llamativo sea su color, mejor.

- Productos lácteos bajos en grasas.

- Filetes finos de carne, pollo y pavo (las carnes blancas tienen menos grasa que las rojas).

- Pescado, con una porción o dos de pescado graso, como el salmón, el atún, la caballa o el arenque.

- Cereales bajos en grasa y en calorías. Frutas pasas para los tentempiés. Tienen calorías, pero no están mal si no se toman muchas.

- Barritas de cereales bajas en grasa. Comprueba la etiqueta para asegurarte de que compras la más apropiada.

La frase

«Me paso las horas en el supermercado. Me gusta tanto la comida, me vuelve loca».

CAMERON DIAZ

COSAS QUE HAS DE DEJAR EN LA ESTANTERÍA

■ Cereales con azúcar añadido (elige los que no llevan azúcar y añádeles avena si quieres hacer tu propio muesli).

■ Galletas, pasteles, patatas fritas.

■ Embutidos, pasteles de carne y pastas.

■ Nada que incluya masa.

■ Ni carnes ni pescados rebozados (todas esas calorías y grasas extras).

■ Mermeladas y patés azucarados (elige las versiones sin azúcar).

■ Helados. ¿Por qué no pruebas los yogures congelados?

Idea 37. Cómo comprar para estar delgado

¿Cuál es tu duda?

P   Necesito alguna idea para los tentempiés y las meriendas.

R   *Puedes hacerte tus propias palomitas. Compra granos de maíz y echa 50 gramos en una cacerola en la que hayas vertido una cucharada sopera de aceite. Enciende el fuego y en pocos minutos tendrás tus palomitas listas. Puedes experimentar con sabores. Si te gusta el dulce, prueba con canela o con cáscara de naranja rallada. Si prefieres un tentempié más sabroso, prueba con curry en polvo, pimienta negra o ajo en polvo. Es sabroso, contiene poca grasa, es alto en fibra y tiene algo de vitamina B.*

P   ¿Algún otro truco para distraerme? No estoy segura de que pueda cambiar el modo de comprar de golpe.

R   *Quizás podrías empezar tomándote tus compras como parte de tu ejercicio diario. Compra un podómetro, que mide los pasos que has realizado y cuántas calorías has quemado. 10.000 pasos al día te ayudarás (y mucho) a mantenerte en forma. Te aseguro que la cifra asusta un poco, pero no es tan difícil conseguirlo.*

P   Me cansaré de tomar pechuga de pollo a la plancha el resto de mi vida, ¿no te parece?

R   *Creo que estás exagerando. Inspírate en la infinidad de libros de cocina con recetas de comidas bajas en grasa, saludables y fáciles de hacer. También puedes echarle imaginación y añadir condimentos a los alimentos a la parrilla. ¿Has oído hablar de las salsas, de la mostaza, del vinagre balsámico, del rábano picante y de las conservas agridulces? ¡Diviértete un rato cocinando y sorpréndete!*

38

Alternativas al chándal

Vestir bien y con estilo siempre supone un subidón de confianza tanto si estás empezando a adelgazar como si llevas un tiempo a dieta y ya se nota la diferencia.

Además de tener buena apariencia, también te ayuda a sentirte mejor. Unos truquitos de sastre te ayudarán a parecer más delgada de lo que estás.

Vestir con estilo no es una cuestión de dinero ni de tamaño, a pesar del comentario del Duque de Windsor de que «uno nunca puede estar suficientemente delgado ni ser suficientemente rico». La increíble cantidad de ofertas existentes en el mercado permite que encuentres ropa adecuada para ti, independientemente del presupuesto y de tu talla. No hace mucho, a menos que estuvieras delgada, era imposible encontrar nada que no fuera una gabardina, un chándal o ropa lo más grande y suelta posible. Los fabricantes y comerciantes se han percatado de que a las

personas nos gusta tener buena presencia, tengamos la talla que sea. Por supuesto, no sólo cuenta la ropa que lleves puesta, sino también la forma en que te la pongas. Vamos a ver unos cuantos trucos muy útiles para vestir bien y estilizar la figura.

Una buena idea

Abre tu armario y tira todo lo que sea demasiado holgado, que no tenga forma o que sea demasiado estrecho. Pruébate la ropa sobre la que tengas dudas y échate un largo vistazo en el espejo. ¿Te sienta bien? Si tienes dudas, tíralo.

PARA MUJERES

- Para disimular la barriga, no te metas la blusa por dentro del pantalón o de la falda. Prueba a usar un cinturón sobre la blusa suelta.

- Las blusas abiertas por debajo son perfectas para disimular los muslos y el trasero.

- Los pantalones ajustados resaltan todas y cada una de las curvas que tenemos. Prueba los pantalones de campana o los pantalones sueltos para alejar las miradas de la parte superior de las piernas.

- No abuses de los adornos. Un exceso de bolsillos, botones, lazos, encajes y cremalleras provoca un estilo muy sobrecargado que te hará parecer más ancha.

- Si tienes mucho pecho y los brazos gorditos, no uses tirantes finos ni cuellos fruncidos. Utiliza blusas y chaquetas con el escote en forma de V.

- Las chaquetas largas disimulan el sobrepeso. Las chaquetas ajustadas harán que parezcas un armario.

- Evita todo lo que sea excesivamente pequeño (incluida la ropa interior), ya que hará que parezca que rebosas por todas partes.

- Utiliza materiales que no se peguen al cuerpo, como el algodón, el punto y los jerséis ligeros, evitando los materiales que se ajustan, como el raso y la licra.

Idea 38. Alternativas al chándal

■ Las faldas que llegan justo por debajo de las rodillas suelen lograr que las piernas parezcan más largas.

■ Evita los zapatos con tiras en los tobillos, ya que acortan las piernas. Los tacones ayudan a alargar las piernas y a parecer más alta, igual que las botas. Si tienes las pantorrillas gruesas, prueba botas de material flexible. Te las puedes poner con prácticamente cualquier cosa.

■ Vestir de un único color (o con tonos complementarios de dicho color) estiliza el cuerpo. Por regla general, los colores oscuros suelen adelgazar más.

■ Los calentadores y los pantalones de licra han de dejarse para el gimnasio.

■ Los pantalones con las perneras anchas adelgazan a las mujeres que tienen tipo de pera. Los pantalones que se abrochan por el lado también disminuyen la tripa y el trasero.

Otra idea más

Para saber más sobre las formas corporales, ve a la IDEA 47, *Reducir volumen: ¿Ciencia o ficción?*

PARA HOMBRES

■ Evita las chaquetas y cualquier prenda que tenga relleno. Te harán más voluminoso.

■ Evita los jerséis que no tienen forma, por la misma razón que lo anterior.

■ Si tienes tripa, utiliza pantalones y una chaqueta del mismo color para estilizar tu línea. Las chaquetas de botonadura sencilla estilizan más que las que se cruzan.

■ ¡Compra la talla apropiada! Cualquier prenda que se ajuste a la barriga dará sensación de dejadez en el vestir.

La frase

«Vestir con estilo no implica seguir la moda, perder peso, ser rico o sucumbir a la cirugía. Consiste en vestirse de forma que se resalten las partes de tu cuerpo que te gustan y se oculten las que odias».

TRINNY WOODALL Y SUSANNAH CONSTANTINE, *WHAT NOT TO WEAR* (QUÉ NO PONERSE NUNCA)

- Los vaqueros de color oscuro adelgazan más que los claros.

- Evita los tacones. Las botas de cowboys con tacón no te harán parecer más delgado.

- Las camisas con rayas verticales te harán parecer más delgado, al igual que las corbatas que tengan un único color dominante. Las corbatas con dibujos animados o motivos «divertidos» sólo son apropiadas para los más jóvenes.

- Utiliza pantalones sueltos y asegúrate de que te los puedes abrochar cerca de la cintura.

- Elige suéteres que estilicen tu cuerpo. Los cuellos en forma de V alargan la figura, especialmente si tienes un cuello largo. Los cuellos cerrados pueden provocar que parezcas un armario ropero.

Idea 38. Alternativas al chándal

¿Cuál es tu duda?

P   ¿Existe alguna regla aplicable a los bolsos?

R   *Los bolsos pequeños pueden ser chulos, pero también pueden parecer ridículos cuando el cuerpo que lo lleva es de gran tamaño. Si necesitas un bolso pequeño para ir de fiesta, elige uno que sea chic, sencillo y de un único color. Un bolso enorme tampoco ayuda a estilizar la figura, especialmente si su peso provoca que andes torcida por la calle. Si tienes mucho pecho, lo único que hará el bolso grande será aumentar la importancia de la parte superior de tu cuerpo, y es lo último que necesitas. Lo mejor es utilizar un bolso de tamaño medio que vaya a juego con lo que llevas puesto.*

P   ¿Merece la pena gastar dinero en ropa interior reductora?

R   *Sí, y además hay mucho entre lo que elegir. Desde los sujetadores que reducen el busto hasta medias que disimulan la tripita, el trasero y los muslos. Eso sí, asegúrate de comprar la talla correcta o sólo lograrás mostrar unos horrorosos michelines por debajo de la ropa.*

P   ¿Algún consejo respecto a las joyas?

R   *Utiliza joyas pequeñas y sencillas. Un collar enorme y sobrecargado, por ejemplo, enfatizará los cuellos gorditos. Del mismo modo, una pulsera gruesa ocultará (en lugar de resaltar) una muñeca delgada. Para los hombres, un reloj grande suele ser mejor elección cuando se tienen la mano y la muñeca grandes.*

39

¿Alergia o excusa?

Las alergias e intolerancias a los alimentos son reales, y bastante comunes, desgraciadamente. Pueden llegar a ser peligrosas. Pero, ¿son responsables de tu sobrepeso o simplemente una excusa de moda?

Muchas personas utilizan la moda de las alergias para justificar unos hábitos alimenticios muy poco recomendables.

Hace unos años, me realicé un montón de pruebas de alergia, ya que en los últimos años de la década de los 80, estaba de moda echarle la culpa de los kilos extras a la ingesta de ciertos alimentos. Me dieron a entender que si dejaba de tomar calabacines, perdería esos tres kilos que me sobraban. Fue una pérdida de tiempo y dinero. Años más tarde (por mi hija), llegué a conocer las alergias reales a los alimentos. Mi hija es alérgica a los cacahuetes, como un número cada vez mayor de personas… y te aseguro que no es una situación divertida. De hecho, puede ser mortal. Por eso, vamos a ver qué son las alergias y las intolerancias a los alimentos y cómo nos afectan.

Una alergia alimenticia se produce cuando tu cuerpo responde a una sustancia con una reacción inmunológica. Es decir, genera histamina y otros productos químicos y los vierte a la corriente sanguínea para luchar contra el invasor. Puede provocar, por ejemplo, picor en la piel, un ataque de angustia o un ataque de asma. También puede producir alteraciones en los vasos sanguíneos y la hinchazón de la garganta y la lengua. La reacción más grave es un shock anafiláctico, en el que se respira con dificultad y puede provocar la muerte. El mejor modo de actuar ante una alergia consiste en evitarla a toda costa. Los alérgicos también suelen llevar encima una inyección de adrenalina por si acaso.

Una buena idea

En un estudio realizado sobre la risa, se sentó a un grupo de personas tranquilamente en una mesa, mientras que otro grupo estuvo viendo una comedia. Las muestras de sangre tomadas después demostraron un aumento del sistema inmunológico de la sangre del grupo que se había estado riendo (por ejemplo, un aumento de linfocitos-T), a la par que una reducción del cortisol, la hormona del estrés.

Las intolerancias a la comida no implican una reacción inmunológica, pero también son muy molestas. Entre ellas se encuentran los defectos encimáticos. Por ejemplo, si sufres una deficiencia en la lactosa, puede que no digieras bien esta sustancia (el azúcar de la leche) y puede desembocar en problemas intestinales y migrañas. También puedes sufrir reacciones farmacológicas como respuesta a algún componente de la comida, como las aminas del café y del chocolate. Otros alimentos pueden provocar efectos tan alarmantes como taquicardia o dolor en el pecho. Un ejemplo puede ser la reacción al *monosodium glutamate* utilizado en los restaurantes chinos, y que puede provocar que creas que estás sufriendo ¡un ataque cardiaco! Las intolerancias a los alimentos no son fáciles de determinar. Los síntomas pueden ir desde las migrañas a la ansiedad, pasando por el dolor muscular o la retención de líquidos. Sabrás que hay algo que no va bien… y en 9 de cada 10 casos, tu médico lo detectará y tendrás que aprender a vivir con ello.

Idea 39. ¿Alergia o excusa?

La frase

«Soy alérgica a la comida. Cada vez que como, me sale un salpullido en forma de grasa».

JENNIFER GREENE DUNCAN

Por todo esto, es esencial lograr un diagnóstico correcto realizado por un médico especialista. Normalmente, te hará una serie de pruebas, te irá eliminando algunos alimentos y los irá introduciendo poco a poco para analizar la reacción de tu cuerpo.

Todos estos temas son reales e importantes. Sin embargo, algunos gurús de las dietas y seguidores de medicinas alternativas, aprovechándose de la existencia de las intolerancias a los alimentos, te dirán que si dejas de comer uno o dos productos, no sólo te sentirás mejor sino que adelgazarás fácilmente. ¡Eso es mentira! Perder peso no es fácil. Implica tiempo, disciplina y cambios en los hábitos. El deseo de perder peso también te hará vulnerable a los curanderos; ¡qué tranquilizador es escuchar que tu sobrepeso sólo se debe a tu intolerancia a, por ejemplo, el trigo o los lácteos!

Otra idea más

¿Te has atascado cuando sólo te faltan un par de kilos? Sigue el plan de 10 puntos que te muestro en la IDEA 49, *¿Atascado en los últimos tres kilos?*

Estos personajes sin escrúpulos normalmente basan sus falsas afirmaciones en la intolerancia al trigo o a los lácteos, ya que es la intolerancia más extendida. Los productos lácteos, por ejemplo, pueden constituir un problema si tienes intolerancia a la lactosa. El trigo también puede constituir un problema, pero en este caso lo más normal es que un médico te haya diagnosticado que eres celiaca, en cuyo caso tu cuerpo reacciona ante la presencia del gluten (el cual se encuentra en el trigo). Entre los posibles síntomas, destacan la sensación de agotamiento, los dolores abdominales, el dolor en las extremidades, la sensación de melancolía, la migraña, el asma y la congestión nasal. Ser celiaca te impide absorber los nutrientes correctamente, lo que provoca pérdida de peso y falta de algunos componentes necesarios para el desarrollo normal. Además, es necesario que sigas una dieta que evite totalmente el trigo de forma más o menos permanente.

El resumen es que el diagnóstico de las intolerancias a los alimentos no es sencillo, debido a la gran cantidad de síntomas posibles. No te dejes engañar por los que te digan que debido a alguna intolerancia a un alimento, podrás perder peso (o dejar de ganarlo). Lo único que conseguirías es perder tu tiempo y dinero sin lograr nada (como me pasó a mí con los calabacines). Acude a un especialista en alergias o en alimentación para averiguar si padeces alguna alergia o intolerancia grave, y después concéntrate en poner en práctica los métodos que permiten perder peso.

La frase

«Teniendo en cuenta que las fuentes más comunes de las intolerancias alimentarias son el trigo y la leche, los terapeutas pueden, de forma relativamente sencilla, alcanzar un éxito razonable diagnosticando a todos sus pacientes intolerancia hacia estos dos elementos».

JONATHAN BROSTOFF, ESCRITOR Y MÉDICO INMUNÓLOGO

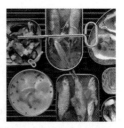

Idea 39. ¿Alergia o excusa?

¿Cuál es tu duda?

P Buff. ¿Y qué puedo comer si no puedo comer trigo?

R *Cuando te dicen que no puedes comer trigo ni gluten, es duro al principio. Tienes que leer las etiquetas de los alimentos con mucho cuidado. Hasta el alimento que menos te esperes, puede contener harina de trigo. Sin embargo, descubrirás que algunos super-mercados comienzan a dedicar una sección a los productos para celiacos, que incluyen arroz, trigo negro (que a pesar del nombre, no contiene trigo), mijo, maíz, harina de patata y muchos cereales y harinas. Hazte con un buen libro de cocina con recetas que no lleven trigo.*

P ¿No hay unas pastillas que puedes tomar si tienes intolerancia a la lactosa?

R *Podrás tomar una dieta más variada si utilizas sustitutivos de la lactosa que te ayuden a digerirla a la vez que tomas productos lácteos. Hay muchas disponibles. Merece la pena probar distintas marcas para ver cuál te va mejor.*

Créeme, soy médico

Están de moda la dieta Atkins y otras dietas bajas en hidratos de carbono y altas en proteínas. Pero son tan controvertidas como populares. Esta forma de comer, ¿te viene bien?, ¿es segura?

No puedes abrir una revista o un periódico en el que no encuentres alguna referencia al Dr. Atkins y su increíble dieta. Sus ideas han llegado a millones de personas a través de sus libros.

Conozco muchas personas que defienden sus métodos y que dicen que sus vidas han cambiado gracias a él, pero también conozco muchos endocrinos, dietistas y otros especialistas de la nutrición que consideran que sus argumentos sólo son basura. Hay otros que se han basado en sus teorías y las han depurado. Atkins defiende que las dietas tradicionales desembocan en dietas altas en hidratos de carbono, y que eso es malo para nuestro metabolismo. También defiende que la grasa no es el origen de todos nuestros males (al menos, no todas las grasas). ¿Es este  uno de esos casos en que la humanidad se da cuenta de que está equivocada después de muchos años? Atkins siempre destaca que al ser humano le llevó siglos aceptar que la Tierra no era plana.

No tenemos sitio en este capítulo para ver la teoría de Atkins en profundidad, pero sí vamos a echar un vistazo a lo más relevante:

LA TEORÍA DE ATKINS

Deberíamos concentrar nuestros esfuerzos en los niveles de insulina de nuestra sangre, la cual controla los niveles de azúcar existentes en el cuerpo y la forma en que nuestro cuerpo almacena la grasa. Si comes muchos hidratos de carbono, se libera insulina, la cual fomenta que el cuerpo almacene la energía de la comida en forma de grasa. Puedes ser «resistente a la insulina»; esto significa que tu cuerpo libera unos niveles altos de insulina simplemente para mantener los niveles de azúcar normales en sangre, fomentando que se almacene más grasa aún.

Una buena idea

Prueba a ponerle un toque de queda a los hidratos de carbono. Introducido por la experta inglesa en salud Joanna Hall, la norma consiste en no tomar hidratos de carbono después de las cinco de la tarde. Es un buen modo de evitar el exceso de hidratos de carbono, reducir la ingesta de calorías y no irse a la cama con sensación de haber comido de más.

Si cambias los hábitos alimenticios y pasas a ingerir pocos hidratos de carbono, tu cuerpo quemará grasa como fuente de energía, en lugar de usar la glucosa procedente de los hidratos de carbono. Comer grasa no afecta al azúcar existente en la sangre y, al contrario de lo que piensa la mayoría de las personas, puede ser bueno para la salud. La grasa también ayuda a sentirse lleno después de comer.

La frase

«La dieta perfecta para quienes les encanta comer».

NIGELLA LAWSON

Idea 40. Créeme, soy médico

EN LA PRÁCTICA

La dieta Atkins implica que comiences con un plan inicial que dura un mínimo de catorce días. Es bastante estricto, ya que incluye las siguientes normas: no comer más de 20 gramos de hidratos de carbono al día (han de provenir de ensaladas verdes y de otras verduras «buenas»), no puede tomarse fruta, ni pan, ni cereales ni productos lácteos (excepto queso, nata o mantequilla), se puede comer mucha ave de corral, pescado y carne, nada de cafeína, ni comidas procesadas, ni azúcares refinados. Conforme avanzas en la dieta, pasarás por otras tres fases, terminando el proceso en un plan de mantenimiento vital. En cada fase, varía lo que puedes comer o no. Por ejemplo, en fases posteriores, comerás menos grasa que en la fase inicial.

Tienes que seguir la dieta al pie de la letra o no funcionará. Y no es un plan a corto plazo: es un modo de comer que has de seguir durante toda la vida.

Otra idea más

Es bueno que conozcas otros métodos que agradan a los expertos en nutrición. Acude a la IDEA 43, *Otro palabro… el índice glucémico*.

¿CUÁL ES EL VEREDICTO FINAL?

Se han producido muchas críticas a esta dieta debido a que la ingesta masiva de grasas aumenta el riesgo de enfermedades cardiacas. Sin embargo, hay estudios que demuestran que esta dieta, a largo plazo, reduce el nivel de colesterol y de grasa en la sangre. Otra crítica ha sido que incrementa la posibilidad de sufrir enfermedades renales, pero, en realidad, no ha quedado demostrada. Atkins deja muy claro que esta dieta no es apropiada para los enfermos de riñón, ni para embarazadas o madres lactantes. Si eres diabética, consulta con el médico sobre la dieta. Los diabéticos puedes seguir la dieta de Atkins, pero sólo bajo un estricto control médico.

¿La recomiendo? A pesar de que choca frontalmente con lo aceptado por la mayoría, si estás sana, pruébala. Al final, depende de la experiencia personal de cada una, y de si puedes o no adaptarte a ella. Yo no he podido, aunque sigo intentando controlar la cantidad de hidratos de carbono que ingiero. También he notado que los hombres se adaptan mejor a esta dieta que las mujeres. Yo creo que se debe a que permite comer mucha carne (y el hombre se siente especialmente atraído por ella).

La frase

«Atkins nunca ha dicho que no se tomen hidratos de carbono. La clave está en elegir los hidratos de carbono correctos en la cantidad conveniente».

DR. STUART TRAGER, DIRECTOR MÉDICO DE ATKINS NUTRITIONALS INC

¿Cuál es tu duda?

P ¿Es verdad que la dieta Atkins provoca constipados y mal aliento?

R *Sí, algunas personas se resfrían, sobre todo al principio. Debes beber mucha agua. Atkins recomienda tomar todos los días un cucharón de salvado de trigo sin refinar o semilla de lino. El mal aliento se debe a los quetones, que son sustancias químicas que descomponen la grasa. Algunas personas lo perciben como un olor dulzón extraño; otros como un olor inaguantable. Se puede resolver bebiendo agua, masticando perejil y lavándose los dientes con frecuencia.*

P ¿Y qué pasa con todas las ventajas de las frutas y verduras? Llevamos toda la vida escuchando que hay que comer cuantas más mejor, y aquí están prohibidas.

R *Atkins no está en contra de la fruta ni de la verdura. Hay algunas restricciones durante la primera fase, pero después, se puede comer casi la que se quiera. No recomienda las frutas y verduras almidonadas, como las patatas dulces, los guisantes y el maíz. Sin embargo, aprueba las bayas.*

P ¿Qué pasa si me doy un atracón de hidratos de carbono?

R *¡Te enviarán directamente al despacho del director o a la comisaría más cercana! Si te has dado un atracón, lo mejor es que vuelvas a la disciplina del régimen durante unos cuantos días. Y, por supuesto, siéntate y escribe 100 veces el contenido en hidratos de carbono de todos los alimentos ingeridos...*

¿Realmente importa el sobrepeso?

Quizás tras tener los niños nunca has vuelto a tener la misma figura que antes o, a lo mejor, siempre has estado un poco más regordeta de lo que has deseado. ¿Cómo saber si esto constituye un verdadero problema?

Una atractiva y regordeta mujer con poco más de sesenta años, me dijo una vez «Eve, querida, nunca estés demasiado delgada... te hace parecer tan vieja». Y tenía razón.

Tengo amigas que con treinta y pocos años están muy orgullosas de su talla 36, pero que parecen tener diez años más debido a que tienen la cara totalmente arrugada y a su falta de trasero. Creo que las curvas (no excesivas) y un par de kilos extra favorecen y, además, son sensuales... también en el caso de los hombres.

La duda por tanto está en saber cuál es la cantidad de kilos que supone un exceso inaceptable. Depende de tu punto de vista. Si te encuentras a gusto con unos pocos kilos de más, perfecto. Si te enfadas porque quieres estar delgada, porque te hace perder la confianza en ti o porque no puedes ponerte la ropa que te gusta, entonces tienes que perder esos kilos que te sobran. Si los kilos que te sobran son más de «unos pocos», empieza a ser importante; cuando los kilos sobrantes son muchos, entonces el tema es prioritario.

La gordura es una epidemia que invade todo el mundo desarrollado. Sólo en el Reino Unido, se estima que el sobrepeso afecta a dos tercios de los hombres y a la mitad de las mujeres, siendo obesos una quinta parte del total (esto es, tienen un sobrepeso superior a 12,5 kilogramos). Los expertos estiman que en el año 2010, serán obesos uno de cada cuatro adultos.

Una buena idea

Saca tu metro de costura y la calculadora. Divide tu cintura por tu cadera (en centímetros). Si el resultado es más de 0,95 (para los hombres) o de 0,87 (mujeres), tu cuerpo tiene forma de manzana. Si tienes tipo de manzana, tienes más grasa alrededor de tu vientre, y riesgo de enfermedad cardiaca es mayor que si tienes forma de pera (en cuyo caso tienes más grasa en la parte inferior de tu cuerpo).

La obesidad complica la vida diaria. Por ejemplo, no se puede correr para pillar el autobús, se reducen las posibilidades a la hora de comprar ropa, podemos ser objeto de las miradas y comentarios poco discretos de las personas (delgadas) con las que nos cruzamos, y todo unido a posibles problemas de sueño y de fertilidad. También se aumentan las posibilidades de sufrir enfermedades, algunas de ellas mortales. La obesidad provoca enfermedades cardiacas, diabetes, cálculos biliares y algunos tipos de cánceres. El simple hecho de tener sobrepeso (y no hablamos de un kilo o dos), puede aumentar la presión arterial y provocar problemas de colesterol. Incluso el deterioro de la dentadura es más frecuente en las personas con sobrepeso.

Por si sigues dudando de la importancia de tener sobrepeso, te voy a dar algunos datos más:

Según la British Heart Foundation (Fundación Británica de la salud), las enfermedades cardiovasculares son la primera causa de mortandad en el Reino Unido. Aunque las cifras son ligeramente inferiores a las existentes hace 20 años, se debe a los avances médicos, ¡no a que comamos mejor! Hay otros factores de riesgo, por supuesto, como ser fumador, la debilidad psicológica y las enfermedades hereditarias, pero la verdad es que el 30% de las muertes por enfermedades coronarias están relacionadas con una mala alimentación. La OMS (Organización Mundial de la Salud) estima que entre el 1 y el 24% de las enfermedades coronarias se deben a que se realiza menos de dos horas y media de ejercicio moderado a la semana.

Otra idea más

Si quieres otra razón más para mantenerte en forma, mira la IDEA 45, *¿Puedes tener diabetes?*

Cuanto más gorda estés, mayor será el riesgo. Ganar 10 kilos de peso duplica el riesgo de enfermedad cardiaca. Reducir el peso, aunque sea un 5 o un 10%, puede tener efectos muy beneficiosos en los niveles de colesterol.

El exceso de peso también incide en la tensión arterial, produciendo hipertensión que puede desembocar en coágulos de sangre, apoplejía y ataques al corazón. Puedes reducir estos riesgos a través de la dieta: comer menos sal, reducir la ingesta de grasas e incrementar notablemente el consumo de frutas y verduras.

Aunque la relación no está clara, también la dieta influye en la posibilidad de padecer cáncer. Un informe reciente sugiere que el 40% de los cánceres tienen relación con la dieta. El riesgo de sufrir cáncer de mama, por ejemplo, aumenta cuando la dieta es rica en grasas o la mujer presenta sobrepeso.

Evidentemente, queda mucho por investigar, pero está claro que tener sobrepeso no es divertido ni inteligente… por muchos motivos además del puramente estético.

La frase

«Dentro de cada persona gorda, hay una delgada deseando que la dejen salir».

CYRIL CONNOLLY

¿Cuál es tu duda?

P Fumo y sé que debo dejarlo, pero me sobran unos cuantos kilogramos y no quiero engordar más (lo cual ocurrirá si dejo de fumar). ¿Qué debo hacer?

R *Mucha gente engorda hasta 5 kilos cuando dejan de fumar. Se piensa que el motivo es que la nicotina incrementa en cierto modo la actividad metabólica. Cuando dejas de fumar, dicha actividad se reduce, por lo que aumentarás de peso aunque comas lo mismo. Además, cuando dejas de fumar, es habitual picar más entre las comidas (muchas veces debido al aburrimiento). Este hábito puede durar incluso meses. Un modo de evitar engordar consiste en aumentar los niveles de actividad, tanto para evitar el aburrimiento como para quemar grasas. Al final, los beneficios de no fumar merecen la pena. Otra posibilidad es acudir al médico y pedirle algún fármaco que te ayude a dejar de fumar sin engordar una pila de kilos.*

P ¿Cómo influye la dieta en los niveles de colesterol?

R *Antes de nada, aclarar que no todo el colesterol es malo. De hecho, es imprescindible para el funcionamiento del cuerpo humano, por lo que hay que distinguir entre los niveles de dos tipos de colesterol. El colesterol HDL es el llamado «colesterol bueno», mientras que el colesterol LDL es el malo de la película. Las grasas hidrogenadas de aceite vegetal (Trans fat, procedentes del proceso de hidrogenación -endurecimiento químico- de los aceites líquidos) y las grasas saturadas (que se encuentran en la carne, la nata, la mantequilla, la leche entera, etcétera) provocan que aumente el nivel de colesterol LDL. Por otra parte, la fibra, las verduras y las grasas poli y monosaturadas (aceite de oliva, aceite de girasol y aceites de pescado) no sólo reducen los niveles de colesterol LDL, sino que también aumentan y mucho los niveles de colesterol HDL.*

Y cómo no, hablemos de sexo

Hay mucho que decir sobre la relación entre el amor y el adelgazamiento. Vamos, no seas tímida. Todo el mundo lo hace. Vamos a hablar del sexo como ejercicio. Si es que, ¡encima es saludable!

Aunque muchas veces te parezca lo contrario cuando estás intentando adelgazar, no has de privarte de todo lo bueno de la vida. El sexo adelgaza. No hay duda.

Aunque en ocasiones preferirías una tableta de chocolate al sexo, es hora de empezar a pensar en el sexo como un aliado perfecto a la hora de adelgazar. ¿Cómo hacerlo? El enamorarse es la máxima inspiración posible para el ser humano. Te ves y te sientes bien, feliz y el subidón de confianza es inenarrable. Todo esto constituye la base perfecta sobre  la que edificar el plan de pérdida de peso, ya que estás motivada como nunca. ¿Y el sexo? Quema calorías, debería hacerte sentir bien y... bueno y todo eso. Por tanto, vamos a deslizarnos a un sofá cómodo, vamos a poner un poco de música romántica y a charlar un rato.

Una buena idea

Prueba un masaje sensual con aromaterapia para poneros en situación. Añade cinco gotas de tu aceite de esencias favorito a 20 ml de aceite de girasol o de almendras. Los aceites de camomila, de rosas y de lavanda son buenos relajantes. Si viertes unas pocas gotas de aceite de enebro o de ciprés, ¡dicen que también ayuda a reducir la celulitis!

EL AMOR Y EL SEXO. LECCIÓN 1

El sexo pone la autoestima por las nubes. Está claro que si estás intentando perder peso, es que eres consciente de que la apariencia de tu cuerpo es mejorable y eso puede provocar que te sientas cortada ante tu pareja al tener relaciones sexuales. Pero es esencial que aprendas a «dejarte llevar». Prácticamente todos los estudios han demostrado que los hombres no saben lo que es la celulitis, y que las mujeres se ven más atraídas por la personalidad que por la apariencia (bueno, la apariencia es el segundo factor más importante). La clave está en tratar de no obsesionarse con la parte de tu cuerpo que no te gusta. Y cuando tu pareja te halague, incluso si es simplemente para regalarte los oídos, acéptalo, créelo y disfruta. Si te sientes más cómoda con la luz apagada, pues apágala, o enciende unas velas. A la luz de las velas, todo el mundo parece Richard Burton y Elizabeth Taylor, Brad y Jen, o Shrek y la Princesa Fiona. Bueno, sabes lo que quiero decir. Las velas hacen que todo el mundo parezca guapo. Y si sientes la necesidad de cubrirte con algo, un salto de cama sexy, un corsé (o un uniforme de enfermera) no falla a la hora de impresionar. Aunque no hay nada más sexy que salir de la ducha con una toalla alrededor de la cintura, el pelo algo húmedo y el cuerpo ligeramente untado de un aceite aromático, unas gotas de Eau Sauvage... ¡Dios mío!, me estoy dejando llevar.

La frase

«Me gustaría conocer al hombre que inventó el sexo y ver en lo que está trabajando ahora».

Anónimo

EL AMOR Y EL SEXO. LECCIÓN 2

El sexo ayuda a ganarle la batalla a la gordura. De acuerdo con un estudio realizado en los EE.UU., si haces el amor tres veces a la semana, quemarás aproximadamente 7.500 calorías al año. Esta cantidad es similar a la consumida al correr 120 kilómetros. No está mal, ¿eh? Por supuesto, tienes que participar activamente. No basta con tumbarse sin más. Aunque eso sí, incluso besar quema algunas calorías extras. El sexo también libera endorfinas, que son las sustancias químicas que te hacen sentir tan bien cuando terminas de hacer ejercicio; además, también te relaja, lo cual es muy bueno, ya que hay un vínculo demostrado entre el estrés y las enfermedades cardiacas (y el ganar peso).

Otra idea más

Si te gusta el tema, aprovecha el tirón y mira la IDEA 16, *Una clase magistral de metabolismo.*

EL AMOR Y EL SEXO. LECCIÓN 3

El sexo ayuda a dormir. Y dormir es bueno, siempre que no te quedes dormido en mitad de una sesión de sexo. Se ha demostrado la relación entre la falta de sueño y el aumento del picoteo y el deseo imperioso de ingerir comidas que proporcionan energía inmediata (que son altas en calorías).

EL AMOR Y EL SEXO. LECCIÓN 4

El sexo te hace aparentar ser más joven y te ayuda a mantener la salud. La reducción de estrés y el incremento de riego sanguíneo que provoca una actividad sexual frecuente, te hacen parecer más joven. Mejora tu sistema inmunológico y puede ayudarte a reducir los niveles de colesterol. Cuanto más joven te sientas, más te apetecerá el sexo. Y, por supuesto, el sexo es un buen modo de afianzar tus relaciones, de sentirse querida, mimada y respetada, lo cual potencia tu autoestima y te hace creer que todo es posible, incluso perder peso. Como ves, todo está relacionado.

La frase

«Estar profundamente enamorado de alguien te da fuerza, mientras que amar a alguien profundamente, te da coraje».

LAO TZU

¿Cuál es tu duda?

P Estoy muy ocupada. No tengo tiempo para romanticismos. ¿Qué puedo hacer?

R *Prueba a hacer algo especial que te saque de la monotonía. Reserva una noche en un hotel cercano, prepara un romántico picnic enfrente de la chimenea o a la luz de las velas en el salón, tómate un día libre y vete a dar un paseo por el campo (o por la playa si la tienes cerca), o simplemente charla un rato sobre cualquier cosa que no tenga relación con el trabajo ni con la casa. Dedica también un rato a escuchar a tu pareja, aunque por dentro pienses que has escuchado los mismos chistes y quejas más de un millón de veces.*

P ¿Hay alguna comida afrodisiaca que no arruine mi dieta?

R *Dicen que el aroma de las almendras aumenta la pasión en las mujeres. Tampoco pasa nada si se comen unas pocas. Los romanos le daban garbanzos a los sementales para aumentar su actividad sexual, y parece que también funciona en los hombres. Rociar un poco de nuez moscada por el cuerpo puede merecer la pena (durante siglos, las mujeres chinas lo han usado como afrodisiaco). También se cree que el jengibre, el chile, el cinamomo y el clavo aumentan el flujo sanguíneo y nos hace sentirnos más ligeras, dos cosas que pueden aumentar el deseo sexual (o simplemente provocar que salgas al balcón a respirar profundamente). Un filete magro es rico en vitaminas B, en cinc y en hierro, los cuales pueden afectar a las hormonas sexuales y a la lívido. Y siempre se puede recurrir a las ostras, que son muy ricas en cinc. Incluso el acto de tragárselas puede ser muy erótico.*

43

Otro palabro... el índice glucémico

¿Has oído hablar del índice glucémico? Si lo único que has conseguido con otras dietas ha sido enfadarte e incluso ganar algún kilo, quizás debas probar la dieta del índice glucémico o algunas de las que están relacionadas con él.

Se dice que entre los seguidores de la dieta del índice glucémico está Kylie Minogue. Si esta dieta puede proporcionarte un trasero como el suyo, debes estar loca si no le das una oportunidad, ¿no crees?

Yo he utilizado esta dieta durante mucho tiempo ya que es sencilla de seguir. También la pueden usar los vegetarianos. La dieta del índice glucémico (o dieta GI) es bastante saludable y ha ayudado a muchas personas. ¿En qué consiste?

Se desarrolló originariamente al realizar investigaciones sobre la diabetes. El índice glucémico mide la rapidez con la que digieres determinadas comidas y las conviertes en glucosa, que es la fuente de energía para tu cuerpo. A la glucosa o el azúcar se le asigna el valor 100, y el resto de alimentos se

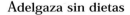

miden comparándolos con dicho valor. Por ejemplo, los *cornflakes* tienen el valor 84, mientras que la harina de avena sólo 42.

Comer alimentos con un GI bajo significa que te sentirás llena durante más tiempo, mientras que los que tienen un GI alto no sólo provocan que tengas hambre enseguida, sino que también ponen en marcha una serie de procesos que desembocan en la formación y el almacenamiento de grasa. Sin embargo, esto es sólo la idea básica. La dieta GI de Rick Gallop (por indicar una de mis favoritas) promueve comer una combinación de alimentos con bajo GI que también son bajos en azúcar y grasas (y bajos en calorías por tanto). Los alimentos se marcan con el color rojo (para indicar que hay que evitarlos), ámbar (pueden comerse de vez en cuando) y verde (se pueden comer tanto como se desee). ¿Comienza a tener sentido para ti?

Una buena idea

La próxima vez que vayas a comprar, fíjate si puedes encontrar información sobre el GI en las etiquetas de los alimentos. Además de la información completa sobre el GI de los alimentos que se pueden encontrar en los libros especializados, algunos supermercados están empezando a incluir el GI en las etiquetas de ciertos productos (por supuesto, sólo en los que tienen un GI bajo o medio).

La dieta GI también recomienda cierto equilibrio con los platos, y no se trata de un número de circo. Significa crear una mezcla de alimentos en el plato ligeramente distinta a la que se considera tradicionalmente como más sana: 50% de verduras, otro 25% de carne o pescado, y el 25% restante de arroz, pasta o patatas. A la hora de servir las porciones, hay que seguir el sentido común y la mesura, pero una sugerencia puede ser 100g. de carne y 40g. de pasta (pesada en seco). Las frutas y las verduras pueden consumirse casi sin límite, aunque siempre que se trate de las llamadas «verdes». Por ejemplo, las patatas cocidas tienen un valor de 56, mientras que las patatas asadas suben hasta el 84.

Idea 43. Otro palabro... el índice glucémico

Otra idea más

¿Cuál es el secreto para conseguir mantenerse después de perder peso? Además de la dieta sana, hay otros trucos que puedes aprender en la IDEA 52, *El arte de no recuperar el peso perdido.*

¿Cómo debería de ser tu desayuno a los ojos de la dieta GI? Vamos a verlo:

- Podrías tomar fruta fresca, aunque no todas las frutas son «verdes». El melón, por ejemplo, no está en la lista de recomendados. Como el zumo de fruta está ya procesado y, por tanto, se digiere más rápidamente, lo mejor es tomar frutas enteras.

- También se permiten las gachas y los cereales sin azúcar, al igual que el pan integral etiquetado como *stoneground* (significa que se ha extraído parte de la fibra y por tanto tardará más en digerirse). La cantidad ha de ser una rebanada fina y comerse en poca cantidad.

- Puedes tomar leche desnatada y yogures bajos en grasa, con edulcorantes artificiales que mantengan las calorías a raya.

- No se permite el uso de la mantequilla, por lo que tendrás que comprar margarina suave no hidrogenada.

- Se aceptan mermeladas sin azúcar.

No puedes tomar embutidos ni beicon (como mucho, un poco de pavo o jamón sin tocino), productos lácteos enteros, productos blancos refinados (como baguettes, molletes y cruasanes), frutos secos, ni frutas en almíbar. Mi única queja real ante este desayuno es que no permite tomar café... bueno, puedes si es descafeinado. Esto se debe a que la cafeína aumenta la producción de insulina y reduce los niveles de azúcar en la sangre, por lo que aumenta la sensación de hambre.

Esta dieta está pensada para convertirse en un modo de vida y no para utilizarla unas pocas semanas. Como es saludable y fácil de seguir, no implica un verdadero problema. Es cierto que implica dejar de tomar ciertas cosas, unas durante un corto periodo de tiempo y otras durante el resto de la vida, pero para ser sincera, no son alimentos saludables que te hagan ningún bien. Esta dieta también promueve la realización de ejercicio físico, lo cual (por si no te has dado cuenta todavía) ¡es una idea constante en mi libro! Por tanto, sí, esta dieta recibe mi aprobación.

La frase

«He decidido probar esta dieta. Para mi asombro y alegría perdí los diez kilos que habían estado afligiéndome tanto tiempo».

RICK GALLOP, AUTOR DE *GI DIET* (LA DIETA GI)

Idea 43. Otro palabro... el índice glucémico

¿Cuál es tu duda?

P ¿Cuánto tardaré en perder peso utilizando la dieta GI?

R *La primera fase lleva entre tres y seis meses, basándonos en una reducción del 10% de tu peso. Aunque puede sonar mucho tiempo, significa que irás perdiendo a un ritmo sano, lo cual es mucho mejor que perder mucho de golpe y atascarse posteriormente. Además, no es mucho tiempo si lo comparas con el resto de tu vida. Si podemos establecer un hábito a largo plazo de comida sana y ejercicio, no tendremos que hacer dieta nunca más. ¿No es maravilloso?*

P ¿Hay variaciones de la dieta GI igual que ocurre en el caso de la dieta alta en proteínas/baja en hidratos de carbono?

R *Sí, hay variaciones, aunque las diferencias no son muy grandes, ya que todas se basan en el índice glucémico. Hay también muchos libros de cocina basados en esta dieta GI. Merece la pena comprarlos si vas a seguir esta dieta.*

P ¿Qué dice la dieta GI sobre el chocolate y el alcohol?

R *¡Están completamente prohibidos! Es broma. Puedes tomar un poco de chocolate de vez en cuando, pero siempre que se trate de chocolate rico en cacao, que tiene menos grasa y menos azúcar que el normal. El alcohol está permitido una vez terminada la primera fase de la dieta, pero siempre con moderación.*

44

Elije tu infusión: ¿de hierbas, té negro, una adelgazante?

La verdad es que sería un sueño: tomar un sorbito de una infusión y ver cómo desaparecen los kilos por arte de magia. Pero ¿realmente estas infusiones son algo más que bebidas refrescantes?

Voy a leer las hojas de tu té. Veo una que indica claramente que la infusión adelgazante que estás tomando es una pérdida de tiempo. Come con cabeza y haz más ejercicio en lugar de sentarte a beber decenas de tazas de infusiones «come grasa».

Todos buscamos la solución fácil, y ¿hay algo más fácil que perder peso bebiendo una infusión adelgazante? Las tiendas de alimentación y parafarmacias ofrecen algunos de estos brebajes, pero es en Internet donde encontrarás la gama completa. Pero también es cierto que en Internet se puede decir y vender lo que a uno le dé la gana y quedarse tan pancho. Como en otras cosas de la vida, no es oro todo lo que reluce… y las infusiones no son una excepción.

Una buena idea

Hazte tu propia infusión. Utiliza una cucharada (de tamaño café) de hierbas secas o dos de hierbas frescas por taza que vayas a preparar. Cuece agua y vierte la correspondiente a las tazas que vayas a preparar sobre las hierbas intentando cubrirlas. Déjalas entre cinco y diez minutos y cuela el resultado antes de bebértelo.

Vamos a analizar el té negro y el té verde, que son algunos de los más frecuentes en las tiendas. Ambos contienen flavonoides, con muchas ventajas para la salud, entre las que destaca la protección frente a enfermedades cardiacas. Está probado, por lo que bebe y estarás haciendo un favor a tu cuerpo. Eso sí, utiliza leche desnatada y córtate un poco con el azúcar. El té verde ha estado de moda y ha sido el protagonista de algunas investigaciones recientes. Se ha relacionado con la prevención de todo tipo de enfermedades, incluidos algunos cánceres, además de aceptarse que reduce el colesterol e, incluso, acelera la oxidación de grasas (esto es, que aumenta la quema de calorías). Aunque estos estudios tienen que continuar, puedo recomendarte sin miedo a equivocarme que si te gusta el sabor del té verde, no tienes nada que perder si lo bebes (bueno, a lo mejor, pierdes un par de kilos, pero no creo que te importe).

SABIDURÍA TRADICIONAL

Las infusiones de hierbas no son nuevas. Las medicinas china e hindú las utilizan desde hace siglos. Están muy extendidas por todo el mundo como alternativa al café y al té, y en algunos países se utilizan como «remedios caseros» ante algunas dolencias; por ejemplo, se usa el hinojo para ayudar a hacer la digestión y la camomila para reducir la ansiedad y facilitar el sueño. Por supuesto, su eficacia es motivo de discusión, entre otras cosas porque la cantidad de hierba que contienen no parece ser suficiente como para generar ningún efecto en el cuerpo humano. En cualquier caso, una infusión de hierbas no puede hacerte ningún daño siempre y cuando conozcas

Idea 44. Elije tu infusión: ¿de hierbas, té negro, una adelgazante?

sus ingredientes. Con lo que sí tienes que tener cuidado son con esas bolsitas de hierbas que se venden con la promesa de ayuda a perder peso.

Otra idea más

Pero, ¿no hay complementos y pastillas para adelgazar que puedan ayudarme a perder peso? Sí, las hay, pero sólo ayudan a perder peso, no reemplazan la necesidad de hacer ejercicio y de una buena alimentación. Mira la IDEA 46, *Me tomo una pastilla y ya está, ¿no?*

De hecho, muchas personas opinan que las infusiones adelgazantes (como las raíces de regaliz, senna y *buckthorn*) realmente deberían llamarse simplemente laxantes, ya que es el efecto real que provocan. En pequeñas cantidades, simplemente provocan la pequeña molestia de tener que correr una y otra vez hacia el servicio. Si los tomas en grandes cantidades, te estás buscando un lío. Algunos actúan como diuréticos (sobre todo si tienen diente de león, perejil o enebro entre sus ingredientes), por lo que únicamente perderás agua. También están las hierbas medicinales que contienen estimulantes, como la yerba mate, la kola y el guaraná. No tienen porqué ser malas en pequeñas cantidades, pero si te afecta especialmente alguno de estos ingredientes o tomas una cantidad elevada, puedes sufrir palpitaciones, ponerte nerviosa y tener problemas para dormir. No es habitual, pero también existe el riesgo de ataque cardiaco. Como entiendo que perder peso es el único motivo por el que bebes las hierbas marcadas como adelgazantes (ya que normalmente su sabor no es, precisamente, agradable), y como no está demostrado que tengan ninguna incidencia en este campo, yo me olvidaría de ellas. Tómate una buena taza de té normal o de una infusión tradicional, y disfruta de su sabor.

La frase

«Beber una taza de té diariamente matará de hambre al curandero».

PROVERBIO CHINO

¿Cuál es tu duda?

P   El té normal contiene cafeína. ¿No puede afectar también a los nervios?

R   *Sí, el té contiene cafeína, pero en cantidades muy inferiores al café, a las bebidas de cola normales y a las tabletas de chocolate. Tendrías que beber una cantidad ingente para que te afectara, a menos, por supuesto, que seas especialmente sensible a su efecto.*

P   También es diurético, ¿verdad?

R   *Según un estudio reciente, no. Tendrías que tomarte cinco o seis taza de té seguidas para acumular los 250-300 mg de cafeína necesarios para provocar un efecto diurético. De hecho, se considera que el té contribuye a tu ingesta diaria de fluidos, que se recomienda esté entre 1,5 y 2 litros. En países como el Reino Unido en los que muchas personas toman entre tres y cuatro tazas de té diarias, parece que esta «anticuada» costumbre no es tan mala después de todo.*

P   ¿Cómo debería tomarse?

R   *Puedes beberlo caliente con leche o limón, o frío con hielo. Depende de ti. Este tema no afecta a las propiedades que el té negro o verde tienen sobre la salud; por tanto, bébelo como quieras. Eso sí, es mejor no beberlo mientras se come, ya que reduce la absorción de hierro.*

45

¿Es posible que seas diabético?

La incidencia de la diabetes aumenta día a día. Es posible que la padezcas sin enterarte. Vamos a ver lo que puedes hacer con la dieta y con la actividad física si éste es tu caso.

La diabetes es una enfermedad crónica y que no tiene cura. Además puede presentar algunas complicaciones como la ceguera, los fallos renales, la apoplejía y problemas en el sistema nervioso.

La diabetes no es una enfermedad nueva (en el siglo XVII la llamaban la «enfermedad del pis»), pero sí está aumentando día a día. Hay dos tipos de diabetes. El Tipo 1 es más normal entre los niños y entre los adultos jóvenes, y se trata con insulina y con una dieta muy estricta. El Tipo 2 el que es cada vez se da más debido a que está relacionado con la obesidad y con la falta de ejercicio físico. Hay otros factores de riesgo que no podemos controlar como la herencia genética, el simple hecho de envejecer y la raza (parecen tener más riesgos los asiáticos y los caribeños de color). Comer muchos dulces, en contra de la creencia popular, no es causa de diabetes... pero ayuda a ganar peso, lo cual sí es un factor de riesgo importante. De hecho, el 80% de las personas con diabetes de Tipo 2 tienen sobrepeso. Cuanto más gorda y falta de forma estés, más posibilidades tienes de contraer una diabetes de este tipo.

Una buena idea

¿Cómo puedes introducir cinco piezas de frutas o de verduras en tu dieta diaria? Intenta tomar una pieza de fruta en el desayuno, otra después de comer (o como tentempié a media tarde); toma una ensalada en la comida o en la cena y un par de verduras más (no patatas) con la otra comida.

La diabetes de Tipo 2 suele darse más en la mediana edad, pero está afectando cada vez a personas más jóvenes. Son personas que no producen suficiente insulina o cuya insulina no trabaja bien. Esto significa que el cuerpo no puede tratar la glucosa correctamente y sus niveles en sangre son superiores a lo normal. Algunos de los síntomas de la diabetes no diagnosticadas son los siguientes: tener más sed de lo normal, necesidad de ir al servicio más a menudo (especialmente por la noche), apatía y

cansancio, visión borrosa, afta y picores genitales, además de pérdida de peso (sin haberse producido ningún cambio en el estilo de vida). Los médicos indican que muchas personas ven cómo estos síntomas van y vienen hasta que se les diagnostica una diabetes. Lograr este diagnóstico es tan sencillo como hacerse un análisis de sangre.

Antiguamente, cuando se te diagnosticaba una diabetes, casi se prohibía el ejercicio físico y se prescribía una dieta alta en grasas y baja en hidratos de carbono. ¡Cómo cambian las cosas! Ahora, se prescribe el ejercicio físico (igual que a cualquier otra persona) para mejorar la salud y controlar el peso. Como ejemplo, el inglés Steve Redgrave ha sido cinco veces medalla de oro en los Juegos Olímpicos siendo diabético. La razón por la que se recomendaba una dieta alta en grasas era para compensar la falta de calorías resultante de no ingerir hidratos de carbono. A su vez, se evitaban los hidratos de carbono para controlar la cantidad de azúcar en sangre (la grasa, en sí misma, no aumenta los niveles de azúcar). Los diabéticos presentan un mayor riesgo de enfermedad cardiaca y, por supuesto,

Idea 45. ¿Es posible que seas diabético?

incrementan aún más ese riesgo si utilizan una dieta alta en grasas. Por suerte, la nutrición también ha evolucionado, proporcionando a los diabéticos unas recomendaciones mucho más acordes con las nuevas tendencias en salud nutricional. Además de tomar los medicamentos prescritos y encontrarse bajo un estricto control médico, la mayoría de los diabéticos pueden vivir con su enfermedad y perder peso comiendo de una manera más sana.

Otra idea más

La IDEA 48, *Mis héroes: el increíble Hulk, Superman y, ahora, la fibra*, ahonda en las ventajas de los productos sin refinar, de las frutas y las verduras.

Las normas básicas también ayudan a prevenir la diabetes y, por tanto, pueden ser usadas por cualquiera. Veamos un resumen:

- Come normalmente utilizando las variedades integrales de los hidratos de carbono. Por ejemplo, utiliza pan y cereales integrales en lugar de tomar hidratos de carbono refinados.

- Reduce la ingesta de grasa, especialmente de grasas saturadas procedentes de productos animales. Utiliza productos bajos en grasa y con grasas monosaturadas, como el aceite de oliva.

- ¡Come más frutas y verduras!

- Reduce el azúcar y las comidas dulces, especialmente las bebidas azucaradas que producen una subida rápida de los niveles de glucosa.

- Reduce la cantidad de sal para mantener la tensión arterial controlada y bebe con moderación. Los diabéticos han de tener especial cuidado con la bebida cuando tienen el estómago vacío, ya que puede provocarles una hipoglucemia (un nivel de azúcar en la sangre peligrosamente bajo).

La frase

«Según un estudio reciente sobre la diabetes realizado en los EE.UU., de media, por cada kilogramo en que una persona supera el peso normal, aumenta un 9% el riesgo de padecer diabetes».

JUDITH MILLS, *THE DIET BIBLE* (LA BIBLIA DE LAS DIETAS)

¿Cuál es tu duda?

P   ¿Qué te parecen las comidas especiales para diabéticos?

R   *La mayoría de los expertos indican que no son necesarias y, por tanto, representan un derroche de dinero.*

P   ¿La diabetes de Tipo 2 no es simplemente una enfermedad menor?

R   *No. Hay que tomársela muy en serio. Cuatro de cada cinco personas que padecen esta diabetes mueren prematuramente de una enfermedad cardiaca. También aumenta el riesgo de infarto, de retinopatía diabética que desemboca en ceguera y problemas en los nervios de manos y pies. Actuar controlando el peso es una estrategia esencial tanto si ya has sido diagnosticado como si simplemente quieres evitar padecerla en el futuro. Estudios recientes han demostrado que en el caso de la diabetes de Tipo 1, se evitan las complicaciones manteniendo normales los niveles de glucosa en sangre. La mayoría de los expertos consideran que esto también sirve para la diabetes de Tipo 2.*

P   Lo más seguro es que sea una tontería, pero ¿piensas en la diabetes como en una epidemia?

R   *La Organización Mundial de la Salud no cree que sea una tontería. Prevé una epidemia global de diabetes, lo que significa que si no te afecta a ti, puede afectar a tus hijos. Pide a tu médico que te haga unos análisis si estás dentro de los colectivos de riesgo o si sientes alguno de los síntomas indicados anteriormente.*

46

Me tomo una
pastilla y ya está, ¿no?

Algunos consideran que las pastillas adelgazantes compradas en las farmacias son seguras y efectivas. Otros opinan que simplemente son complementos o, lo que es peor, algún tipo de drogas o anfetaminas. ¿Quién tiene la razón?

Hace algunos años, cuando era editora de una revista de salud y gimnasia, toda la redacción recibimos con entusiasmo un nuevo producto que quemaba grasa y que aumentaba la masa muscular. Eran unos polvos que mezclabas con agua y tenías que beber todos los días. Por desgracia, no funcionó.

Ocho personas de la redacción decidimos probarlo. Después de una semana, siete tuvieron que dejarlo al sufrir retortijones y diarrea. Una siguió (yo). Mi estómago se encontraba perfectamente y decidí que era lo suficientemente fuerte como para seguir. Pasado el periodo de dos meses indicado, lo dejé, ya que no notaba ninguna diferencia ni en peso ni en tamaño.

Hay muchos complementos que prometen inhibir el apetito, perder peso y aumentar la masa muscular. Estos productos se encuentran normalmente en las farmacias, en las parafarmacias, en tiendas de alimentación y, por supuesto, en Internet. También es fácil que encuentres algún monitor de gimnasio (o entrenador personal) que los recomiende. Pero, ¿son realmente efectivos? Vamos a ver los más comunes:

Picolinato de cromo (Chromium picolinate)

El cromo es necesario para ayudar a la insulina a transferir la glucosa y los nutrientes desde el flujo sanguíneo a las células, además de desempeñar un papel importante en la producción de energía. Se encuentra en alimentos como las setas y el brócoli. El atractivo de los complementos que combinan cromo con picolinato es la posibilidad de perder grasa y ganar tono muscular (basado en varios estudios). Sin embargo, estudios más avanzados no han sido capaces de corroborar los resultados iniciales y, además, algunos estudios han relacionado la ingesta masiva de estos complementos con daños en el ADN y otros inconvenientes. De hecho, en el momento de escribir este libro, hay países que se están pensando su prohibición, como el Reino Unido.

Una buena idea

Si quieres probar una hierba inhibidora del apetito, los científicos han aislado las moléculas activas de la planta *Hoodia gordonii*, utilizada por las tribus de Kalahari para evitar los retortijones de hambre que se producen durante los largos viajes realizados para cazar. Hay ya algunos productos disponibles que se venden como inhibidores del apetito y están recibiendo buenas críticas. Sin embargo, es necesario seguir con las investigaciones.

Chitosan

Está hecho de caparazones de cangrejo y de langosta molidos. La teoría es que la fibra de los caparazones captura la grasa y la absorbe antes de que el cuerpo la metabolice. Algunos estudios han mostrado que puede ayudar a perder peso, pero no existen estudios a largo plazo, por lo que quién sabe. Las contraindicaciones vienen dadas por el hecho de que el chitosan también reduce la absorción de las vitaminas solubles en la grasa además de que produce un efecto laxante. No es recomendable, ¡sobre todo si eres alérgico al marisco!

Otra idea más

¿Tienen alguna ventaja las infusiones dietéticas? Probablemente no, y no son un producto milagroso. Lee la IDEA 44, *Elije tu infusión: ¿de hierbas, té negro, una adelgazante?*

Creatina

La creatina la utilizan los atletas y quizás algunas personas de tu gimnasio para incrementar la capacidad muscular. La mayoría de los estudios son incompletos. No está pensado para el común de los mortales.

Aminoácidos

Están disponibles tanto en pastillas como en polvos, pero excepto si nos basamos en la publicidad, no hay pruebas de que aumenten la masa muscular o quemen grasa. El único uso probado de los aminoácidos consiste en usarlos en la alimentación intravenosa de personas que se encuentran bajo ciertas condiciones de salud, como una enfermedad renal. Sería mejor que probaras a comer alimentos proteínicos como la carne y los huevos e hicieras más ejercicio.

La frase

«Las personas normalmente dedican más tiempo a elegir su próximo coche o PC que a seleccionar sus complementos dietéticos».

FELICIA BUSCH, *THE NEW NUTRITION* (LA NUEVA NUTRICIÓN)

PRESCRIPCIÓN MÉDICA

Producir una pastilla que controle el peso es, sin duda, uno de los Santos Griales de los laboratorios farmacéuticos, ya que cualquier producto que medio funcionara sería una mina de oro. Hay algunos productos ya disponibles. Puede que hayas oído hablar de la *subutramina*, vendida con el nombre de Reductil, Orlistat (o Xenical), por citar algunos. También han tenido éxito las pruebas de un medicamento llamado Rimonabant tanto en la pérdida de peso como en ayudar a los que están dejando de fumar a no engordar. Por ahora, es necesario que un médico recete este tipo de medicamentos. Pero si vas a tu médico a pedirle una receta, lo más seguro es que te prepare un plan de adelgazamiento, te derive a un dietista o endocrino y te recomiende hacer más deporte. Esto se debe a que, por lo general, se intenta atajar el problema sin acudir a los medicamentos. Sin embargo, si tienes un sobrepeso evidente (que roce la preocupación) o has intentado todos esos medios anteriormente, es posible que tu médico acceda a recetarte algún medicamento específico.

Resumiendo, desconfía de los complementos que prometen perder peso y ganar tono muscular sin esfuerzo. En el mejor de los casos, no funcionarán y simplemente representarán una pérdida de dinero. En el peor de los casos, pueden ser peligrosos para tu salud, especialmente si se combinan con otros complementos y medicinas. Si no eres una persona muy obesa, lo más seguro es que no te prescriban estos medicamentos. Por tanto, vuelve a la ya tradicional máxima de «come bien y haz ejercicio», que está muy probada y que se adapta a todos.

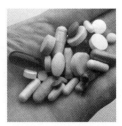

Idea 46. Me tomo una pastilla y ya está, ¿no?

P   He oído maravillas de algo llamado leptina. ¿Qué opinas?

R   *Esta creencia viene de hace unos años y está relacionada con algunos estudios en roedores en los que la falta de leptina incrementaba su apetito. La idea parte de que las personas obesas pueden estar faltas de leptina y que si la ingieren, se reducirá su apetito. Sin embargo, es muy raro encontrar humanos con bajos niveles de leptina. De hecho, las personas obesas pueden tener un nivel alto de leptina. Aunque siempre se puede pensar en un problema de resistencia a la leptina, no hay nada todavía probado y los estudios siguen su curso.*

P   Vale, pero si no puedo tomar pastillas, ¿qué puedo usar para controlar el apetito?

R   *Come poco y más veces para mantener controlado tu nivel de azúcar en sangre y evitar los retortijones de hambre. Prueba a beber muchos líquidos para sentirte llena antes (cualquier cosa desde agua hasta tomate triturado). Come despacio cuando tengas una comida fuera de casa y siéntate a comer en lugar de comer de pie; de ese modo, el cerebro percibirá antes que estás llena. Evita los aperitivos azucarados, que te proporcionan energía de manera muy rápida, pero que no te sacian teniendo hambre al poco rato. ¡Prueba cualquier cosa que te evite pensar en la comida!*

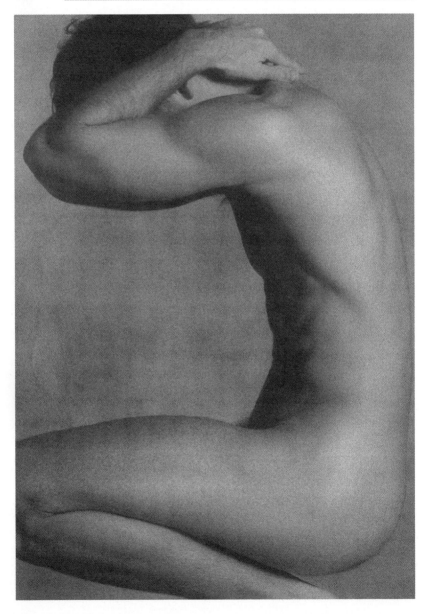

Reducir volumen:
¿Ciencia o ficción?

¿Cuánto puedes cambiar tu apariencia física? ¿Es posible perder peso en una zona determinada del cuerpo? Hay muchos mitos en relación con estas preguntas, pero veamos qué hay de cierto en todos ellos.

¿Qué parte de ti es heredada? No me refiero a la casa de campo del tío Pepe el del pueblo, sino a los muslos de tu madre o a la altura de tu padre.

Junto con tu sexo y la nutrición durante tu infancia, tus padres representan la máxima influencia en la apariencia de tu cuerpo (en otras palabras, en el tipo que tienes). Puedes parecerte a uno o a otro, o bien ser una mezcla de ambos.

De forma general, hay tres posibilidades al hablar del tipo de un ser humano: ectomórfico, mesomórfico o endomórfico. Los ectomórficos son altos y delgados y, a menudo, presentan un tipo anguloso o, incluso, delicado. El porcentaje de grasa en su cuerpo es bajo y no son muy musculosos. Aunque no suelen tener problemas de peso cuando son jóvenes, es probable que les aparezca tripa conforme van pasando los años. Los mesomórficos tienden a tener bastante más músculos que los otros dos tipos; de hecho, el ratio entre músculo y grasa de los mesomórficos es también superior al de los ectomórficos y endomórficos. Un mesomórfico suele tener un buen tipo mientras está activo. Sin embargo, los mesomórficos sedentarios ganarán peso rápidamente al acumular grasa con facilidad. Los endomórficos presentan una apariencia más redondeada y flojucha, con más grasa que músculo. Ganan peso fácilmente, pero pueden alcanzar un buen tono muscular practicando alguna actividad física regularmente.

Una buena idea

Para saber si realmente necesitas perder peso o si estás progresando, puedes realizar una medida electrónica de la grasa existente en tu cuerpo. Una corriente eléctrica inofensiva pasa a través de tu cuerpo y estima el agua del cuerpo y determina la cantidad de músculo que posees. La diferencia entre tu peso global y el peso de una persona delgada te dará una idea de la grasa existente en tu cuerpo. Algunos gimnasios y centros de belleza ofrecen este servicio (normalmente de pago) o compra básculas especiales para tu casa.

Además de los tipos básicos, puedes tener influencia *androide* o *ginoide* (robot femenino). El androide tiene forma de manzana, con la mayoría del peso localizado en la mitad superior del cuerpo (y, por supuesto, antes o después alrededor del estómago). Suele estar relacionado con todos los endomórficos y con los ectomórficos y mesomórficos de mediana edad (especialmente con los hombres). La influencia *ginoide*  desemboca en forma de pera; esto es, más peso en la mitad inferior del cuerpo. Es más común entre las mujeres de cualquiera de los tres grupos. Aunque podamos tener algo de cada uno de los grupos, la mayoría de nosotros tendemos claramente a uno de ellos. La clave está en identificar a cuál pertenecemos (a cuál nos parecemos más) y trabajar en consecuencia para lograr obtener la mejor forma posible en cada caso, en lugar de intentar luchar contra ello.

Otra idea más

¿Qué tiene que ver el dormir con el perder peso? Más de lo que piensas. Mira la IDEA 29, *Pierde peso mientras duermes.*

MODIFICAR EL TIPO

No puedes reducir volumen y peso de una zona específica de tu cuerpo. Los estudios han demostrado que tendemos a perder peso de la mitad superior del cuerpo; primero, lo notarás en la cara, después en el pecho y en la zona del estómago, seguido de la cadera, muslos y piernas. La grasa abdominal parece realmente fácil de eliminar, lo cual es una excelente noticia para las que tienen un cuerpo con forma de manzana, pero menos para las que poseen un cuerpo con forma de pera. Pero, por supuesto, como la grasa abdominal representa un factor riesgo para las enfermedades cardiacas, las personas con forma de pera pueden estar contentas. Si te encuentras en este grupo, ya te estoy oyendo «yo prefiero estar delgada y bien proporcionada, que seguro de la salud de mi corazón». Bueno, una persona que tenga tipo de pera y esté gordita se convertirá al adelgazar en, digamos, una persona más delgada que seguirá presentando un tipo en forma de pera. Y no podrá hacer mucho más para cambiar este hecho; a menos que decida operarse (y yo no lo aconsejo, la verdad), siempre tendrá forma de pera. También está la opción del ejercicio físico, que recomiendo sin dudarlo. Uno de los mejores trucos que puede usar una persona con tipo de pera es centrar el ejercicio físico en la mitad superior de su cuerpo, con el fin de equilibrarlo con la mitad inferior lo máximo posible.

La frase

«Estoy en forma. ¿Acaso el círculo no es una forma de las más extendidas?».

ANÓNIMO

¿Quieres saber las posibilidades reales de modificar tu «tipo» con el ejercicio? El tipo de ejercicio físico pensado para tonificar la musculatura sin duda incrementa tu masa muscular y te proporciona una apariencia más musculosa. Sin embargo, si tienes mucha grasa cubriendo los músculos, será improbable que dicha mejora se aprecie, por lo que sólo lograrás parecer más voluminosa que antes. Por eso, es mejor primero perder grasa. Contrariamente a lo que se piensa por ahí, no es posible convertir grasa en músculo o viceversa. La grasa es grasa y el músculo es músculo.

¿Cuál es tu duda?

P Estoy perdiendo peso… pero también tamaño en el busto. ¿Puedo evitarlo?

R *La verdad es que no es fácil solucionar este problema. Debido a que no puedes perder peso de una zona concreta de tu cuerpo, tampoco puedes recuperarlo en un área específica. Lo mejor que puedes hacer es realizar muchos ejercicios pectorales (por ejemplo, utilizando la máquina que te indiquen en tu gimnasio para trabajar los músculos pectorales que se encuentran alrededor de los senos. Aunque este tipo de ejercicio no incrementará el tamaño de tus senos, los mantendrá erguidos. También puedes aumentar tu escote usando un sujetador que aumente el tamaño de tus senos o incluso un relleno elástico que pueda colocarte en el interior de tus sujetadores.*

P ¿Hay algo que pueda hacer para reducir mi cintura?

R *Tu cintura reducirá de tamaño conforme pierdas peso. Algunos ejercicios específicos de Yoga o del método Pilates pueden ayudar. También puedes trabajar tu cintura con ejercicios pensados para tonificar los músculos; utiliza los que están pensados específicamente para trabajar los músculos oblicuos, que se extienden hacia abajo a ambos lados de tu dorso. Habla con el monitor del gimnasio o con tu entrenador personal para que te indique algunos ejercicios específicos. También he oído que diez minutos al día de hula-hop puede hacerte perder algún centímetro de cintura.*

48

Mis héroes: el increíble Hulk, Superman y, ahora, la fibra

Proviene de las plantas y no puede ser digerida; tampoco proporciona ni calorías ni energía. Entonces, te preguntarás ¿por qué se habla tanto de la fibra? En realidad, es un tema fascinante. Si tienes tiempo, vamos a verlo a continuación.

La fibra es mucho más que cereales que te ayudan a ir regularmente al servicio. Además del montón de ventajas que tiene para la salud, la fibra puede ayudarte a mantenerte delgada.

Por lo general, las personas que siguen dietas ricas en fibra pesan menos que las que no. Puede deberse a que las comidas ricas en fibra llenan mucho. Y si te sientes llena, no sentirás necesidad de picotear ni de darte un capricho culinario. Un informe reciente sobre la pérdida de peso en los EE.UU. confirma que las dietas bajas en grasa y abundantes en hidratos de carbono complejos, frutas y verduras son dietas de por sí altas en fibras y bajas en calorías, lo cual lleva a la pérdida de peso. Otro estudio incluso defiende que si se sigue este tipo de dieta, se pueden consumir hidratos de carbono libremente y seguir perdiendo peso.

Una buena idea

Beber un litro de zumo embotellado todos los días representa unas 400 calorías. Es mejor que bebas un litro de agua y comas un par de naranjas. Tomarás menos calorías y más fibra. El zumo de fruta natural es bueno para la salud y contiene muchas vitaminas, por lo que puedes usarlo como una de las cinco unidades de frutas y verduras que debes tomar al día. También es alto en azúcares, aunque son naturales.

Las ventajas de la fibra o, por darle un nombre más apropiado, los polisacáridos sin almidón, se conocen desde hace miles de años. Hipócrates (considerado el padre de la Medicina) recomendó a sus ricos parientes que siguieran el ejemplo de sus criados y comieran pan integral en lugar de pan blanco «por su efecto saludable en los intestinos».

Hay dos tipos de fibra: soluble e insoluble. No son nutrientes en sí mismas ya que, en su mayor parte, no se digieren, pero ambas llevan a cabo una misión muy importante. La fibra soluble reduce los niveles de colesterol en sangre y también ralentiza la absorción de glucosa en el riego sanguíneo, por lo que evita subidas rápidas de los niveles de azúcar en sangre. Aunque la mayoría de los alimentos vegetales combinan fibra soluble e insoluble, la primera se encuentra sobre todo en la avena y en los salvados de avena, cebada, arroz integral, judías, legumbres, frutas y verduras. La fibra insoluble facilita los movimientos del sistema digestivo. Tenlo en cuenta si tienes problemas de estreñimiento o te sientes pesado al hacer la digestión. Actúa de forma similar a una esponja y absorbe agua para aumentar la masa de tus productos de desecho (de las heces, hablando claro). Básicamente, con la fibra en la dieta, las deposiciones son más suaves y más fáciles de llevar a cabo, lo cual ayuda a evitar el estreñimiento y las almorranas, protegiendo también contra el cáncer de colon y de recto. Para ingerir fibra insoluble, las mejores opciones son el trigo, los panes y cereales (enteros), el maíz, las judías verdes, los guisantes y las pieles de las frutas, como la piel de la manzana.

Idea 48. Mis héroes: el increíble Hulk, Superman y, ahora, la fibra

La frase

«Una fruta es una verdura, pero bonita y con dinero»

P.J. O'ROURKE

¿ES BUENO TOMAR MUCHA FIBRA?

Lo recomendable es tomar unos 18 gramos de fibra al día, pero casi nadie lo hace. El motivo es que comemos más hidratos de carbono refinados (comidas y azúcares blancos y procesados) y no comemos suficiente fruta y verdura. Pero las ventajas están claras. Cuando incrementes el consumo de fibra, asegúrate de beber mucha agua. Puedes retener líquido al principio, sintiéndote más hinchada y un poco más pesada. ¡Y puedes desesperarte con los gases! Todos estos síntomas son pasajeros, y son normales hasta que el cuerpo se habitúe a los nuevos alimentos. Aumentar la actividad física también ayuda, al estimular los músculos del torso, agilizando la eliminación de deshechos. Hay algunas evidencias de que la ingesta abusiva de salvados integrales puede interferir con la absorción del hierro y del calcio, pero tendría que darse durante mucho tiempo para llegar a ser peligrosa (aunque hay que tener especial cuidado en el caso de los niños y de las mujeres embarazadas). Como los últimos estudios indican que un consumo elevado de fibra reduce en un 40% el riesgo de cáncer de colon y que las mujeres que comen muchas frutas y verduras y cereales integrales tienen una menor posibilidad de contraer cáncer de mama, parece razonable que aumentes el consumo diario de fibra. Sin olvidar, por supuesto, que ayuda a mantener a raya los molestos retortijones.

Otra idea más

Para ver lo que ha de incluir una dieta equilibrada, además de fibra, lee la IDEA 4, *La pirámide nutricional*.

La frase

«En Bélgica, hay miedo ante casi cualquier comida, desde las aves hasta el chocolate. Para desesperación de medio mundo, sin embargo, ha terminado otro milenio sin poder hablar mal de las coles de Bruselas».

FRANK MCNALLY

¿Cuál es tu duda?

P   Tengo el síndrome de colon irritable y no sé si comer fibra y salvados es bueno para mí.

R   *Una dieta alta en fibra siempre es recomendable para los que sufren de colon irritable, pero esto no significa que a todo el mundo le vaya bien. Igual que los síntomas del colon irritable pueden variar de unos enfermos a otros, también pueden hacerlo los efectos de la fibra en la dieta; por ejemplo, puede empeorar el estreñimiento y provocar diarreas. Parece que en la mayoría de los casos, el problema se presenta con la fibra de trigo, que se encuentra en el pan integral y muy a menudo en las galletas y cereales. El único modo de averiguar si éste es el problema consiste en dejar de tomarlo durante al menos un mes y, después, ir introduciendo poco a poco algunos integrales en la dieta para ver lo que ocurre. Lo más seguro es que no tengas problemas con los productos de trigo refinados, como el pan blanco y la pasta.*

P   ¿Podría tomar un complemento de fibra?

R   *Yo no lo haría. Sobre todo porque te perderías el resto de nutrientes que se encuentran en los alimentos ricos en fibra y que son muy beneficiosos para la salud: fitoquímicos, minerales y antioxidantes.*

P   ¿Hay alguna forma de evitar los gases después de tomar legumbres?

R   *Si las preparas tú misma, asegúrate de que están cocinadas a fondo (y, excepto las lentejas y los guisantes ya pelados, ponlas en remojo toda la noche antes de cocinarlas). Yo compro las legumbres enlatadas para ahorrarme el largo proceso de preparación. Asegúrate de que están enlatadas simplemente con agua, y que no se les ha añadido ni azúcar ni sal. También puedes añadir algunos vegetales al plato de legumbres que estás preparando. Entre los vegetales que pueden reducir el problema de los gases están el tomillo, el hinojo, la alcaravea, el romero y la hoja del limón.*

¿Atascado en los últimos tres kilos?

En muchas ocasiones, es muy difícil perder tan sólo tres kilos. Normalmente, los más duros son los últimos kilos que te restan para llegar a tu objetivo de peso marcado.

Es una cantidad tan pequeña que pensarás que debería desaparecer sin dar guerra. Pero no, ese último tramo siempre es el más difícil de conseguir.

La verdad es que no sé el motivo, pero lo que sí sé es que para eliminar estos últimos kilos tienes que redoblar los esfuerzos y tener más trucos en la manga que un mago. Comprueba los siguientes diez puntos para ver si puedo ayudarte.

1. Sé honesta contigo misma sobre lo que estás comiendo. Durante una semana, apunta todo lo que comes en una especie de diario culinario. Puedes pensar que estás comiendo sensatamente, pero este diario te ayudará a detectar de dónde provienen esos kilos extra.

2. ¿No tendrás algún problema que distorsiona tu percepción del tamaño y cantidad de lo que estás comiendo? Todas las comidas, incluso las más saludables como la fruta, contienen calorías. Si

comes una cantidad desproporcionada puedes exceder las calorías necesarias para perder peso. Ajústalo y conseguirás tu objetivo.

3. ¿Eres constante? Algunos expertos defienden que si comes sensatamente el 80% de las veces, puedes relajarte un poco el otro 20%. Un modo de hacerlo consiste en ser muy rígida en las comidas durante toda la semana y comer lo que se quiera los fines de semana. Sin embargo, existe una gran diferencia entre relajarse un poco y comer como una loca todos los fines de semana. Si optas por la opción de comer sin sentido, ten claro que las calorías ingeridas en el fin de semana arruinarán todo tu esfuerzo realizado durante los cinco días restantes. El término «moderación» es aburrido, pero merece la pena tomarlo como regla de vida.

Una buena idea

Limita la variedad a la hora de comer, ya que tener muchas opciones puede provocar que comas más. Hay estudios que demuestran que se come un 44% más cuando se ofrece una variedad de platos que cuando se ofrece sólo uno.

4. Sé más activa. Independientemente del nivel real de actividad que tengas en este momento, incrementa el ritmo para perder peso. Si eres sedentaria, empieza andando o nadando; sería perfecto si lo hicieras media hora cinco días a la semana. Los dos son ejercicios muy efectivos y sin riesgos; enseguida se nota la mejoría si se practican de manera habitual. Si crees que ya eres una persona suficientemente activa, prueba a incorporar alguna actividad nueva que signifique un reto para tu mente y tu cuerpo. Intenta aumentar la duración, la frecuencia o la dureza del ejercicio que practicas (o, mejor, aumenta los tres factores).

La frase

«El hábito, si no se lucha contra él, al poco tiempo se vuelve una necesidad».

SAN AGUSTÍN

Idea 49. ¿Atascado en los últimos tres kilos?

5. Una forma sencilla de recortar algunas calorías consiste en evitar los hidratos de carbono en las cenas. Puedes intentarlo todas las noches de un par de semanas. Si el resto de comidas del día incluyen hidratos de carbono suficientes para lograr una dieta equilibrada, verás el resultado en la balanza sin que tu salud se resienta.

6. Entre horas, toma siempre alimentos saludables. Si normalmente tomas comidas equilibradas y entre horas comes poco y también productos saludables (no me refiero ni a una bolsa de patatas fritas ni a una barrita de chocolate), los niveles de azúcar en la sangre permanecerán estables y no te sentirás rabiosamente hambriento, por lo que es más fácil evitar comer de más.

Otra idea más

¿Puede el alcohol aportar un exceso de calorías? Lee la IDEA 32, *Alegría… y alcohol.*

7. Alégrate la vida con un par de pimientos en tu comida o cena. Según un estudio canadiense, los comedores de pimientos tienen menos apetito y se sienten llenos antes. El componente capsaicin que se encuentra en los pimientos acelera temporalmente el metabolismo.

8. Incluye calcio en tu dieta, ya que junto con otras sustancias, parece que ayuda a que el cuerpo queme el exceso de grasas más rápidamente. Según un estudio, las mujeres que comen yogures y quesos bajos en grasa y beben leche baja en grasa tres o cuatro veces al día, pierden un 70% más de grasa corporal que las mujeres que no comen nada.

9. Descansa. La falta de sueño y el estrés pueden disparar los niveles de cortisol en tu cuerpo, lo cual se asocia con niveles altos de almacenaje de insulina y grasa. Además, podemos interpretar el sueño como hambre y terminar comiendo y bebiendo litros de café para permanecer despiertas… y más de una, no podrá dormir por la noche con tanto café, iniciando de nuevo el círculo.

10. No comas cuando no tengas hambre. Parece evidente, pero piensa en esta idea la próxima vez que vayas a llevarte algo de comer a la boca. Pregúntate, «¿tengo hambre?» una vez más antes de meterte el segundo trozo en la boca.

La frase

«Está bien que te permitas a ti mismo ir, siempre que te permitas volver».

MICK JAGGER

¿Cuál es tu duda?

P   ¿Existe algún tratamiento de choque que pueda ayudarme a perder unos pocos kilos?

R   *Sí, pero sólo sirven para perder agua, por lo que su efecto es temporal. En cualquier caso, si lo que necesitas es un empujón, pueden servir. Cuidar y mimar tu cuerpo es muy bueno psicológicamente, aunque ese mimo consista sólo en darse un masaje con loción corporal. Esto indica que no estás en guerra con tu cuerpo, que no es tu enemigo, lo que sin duda ayuda a que la dieta tenga éxito.*

P   ¿Debería eliminar las grasas totalmente para acelerar la pérdida de peso?

R   *¡No! El consumo moderado de grasas aporta sabor y variedad, además de que la grasa es necesaria para la salud. Lo que tienes que hacer es elegir las grasas que tomas. Todas son altas en calorías, pero algunas también son ventajosas para la salud. Debes evitar las grasas trans y reducir todo lo posible las grasas saturadas. Los aceites vegetales, los pescados en aceite, los frutos secos y los aguacates se empaquetan con grasas beneficiosas que protegen contra ciertas enfermedades (cómo las cardiacas), por lo que cuando tengas que tomar grasas, lo mejor es que elijas estas opciones.*

¿Cuál es tu excusa favorita?

Todos tenemos excusas. Razones perfectas que justifican el fallo de la dieta; por ejemplo, motivos por los que no puedo hacer ejercicio. Pero no son razones, son simples excusas. Vamos a verlas una a una.

¡Es culpa de mis glándulas! ¡Son mis rodillas! Tengo que esperar que llame mi abuela para saber si tengo que llevarla a la peluquería.

Ya sean razones creíbles o cuentos chinos propios de los guionistas de Hollywood, el problema es que las excusas provocan que no logres los objetivos que te has marcado. Normalmente, hay algún problema emocional detrás de estas excusas. Si logras descubrirlo, será más fácil avanzar. Por ejemplo, puede que tengas miedo al fracaso o a parecer estúpida. Quizás, realmente lo que ocurra es que no estás contenta con la vida que llevas y lo manifiestas justificándote con frases como «tengo tantas obligaciones con los demás que no puedo pensar en mí misma». Si puedes descubrir la raíz de estas emociones negativas, puedes desarrollar estrategias para eliminarlas. A continuación, te muestro una selección de las excusas que he oído (e incluso usado), con algunas ideas para terminar con ellas:

«No tengo tiempo para hacer ejercicio»

Es la excusa más utilizada para evitar hacer ejercicio. Pero pregúntate si realmente tu vida es tan diferente de la vida de las personas que hacen deporte. ¿Cómo se las apañan? Es tan importante hacer ejercicio tanto desde el punto de vista del peso como del estado de forma general de la persona que te lo tienes que marcar como prioridad en tu vida. Por tanto, si el problema son los niños pequeños, ¿no podría tu pareja o el vecino o tu madre encargarse de ellos un rato? Incluso busca alguien a tu alrededor con el mismo problema e «intercambia» horas de niñera con él o ella para hacer deporte. También hay algunos gimnasios y clubes que ofrecen un servicio de guardería. Otra opción consiste en levantarse antes o aprovechar el mediodía para entrenarse. No es necesario que realices la sesión de ejercicio completa de una vez, puedes dividirla en sesiones más cortas a lo largo del día.

Una buena idea

Comer hidratos de carbono antes de realizar un ejercicio puede reducir la cantidad de grasa que quemes. Los expertos recomiendan comer un tentempié rico en proteínas, como un puñado de frutos secos antes del entrenamiento.

«Todo el mundo pone peso al cumplir años»

No es cierto ni inevitable, a menos que te dediques a comer en exceso y te olvides de la actividad física.

La frase

«La mejor manera de librarse de una tentación es caer en ella».

Oscar Wilde

«Nunca he tenido problemas con el peso hasta que llegaron los niños»

Pues, ¡échales de casa! Que no, que estoy bromeando un poquito. El peso que se gana después de un embarazo se pierde comiendo bien y realizando ejercicio físico, pero también hay que analizar los hábitos que una tenga. ¿Comes cualquier cosa de pie en la cocina porque siempre estás muy liada como para prepararte una comida saludable? ¿Comes con los niños y vuelves a comer con tu pareja? Por la noche, ¿te das un capricho cuando por fin has acostado a los niños y te tomas un par de copas de vino o un helado?

Otra idea más

Si alguna vez has pensado en la cirugía para perder peso, lee primero la IDEA 34, *Succionarlo: la forma quirúrgica de perder grasa.*

«No me apetece hacer ejercicio»

Si necesitas motivación, comprométete con un amigo o grupo de amigos para ir juntos a hacer ejercicio. De ese modo, harás deporte aunque sólo sea por no quedar mal ante ellos. Si no te apetece es porque no te gusta. ¿Qué deporte has probado? Piensa que aunque te hayas aburrido haciendo pesas en un gimnasio, no tienes que aburrirte paseando, nadando o en clases de aeróbic. Si te gusta bailar, por ejemplo, apúntate a clases de salsa o baila todo lo que puedas en tu salón.

«¡El deporte duele!»

Si duele mucho, estás agotada o te sientes mareada, ¡párate! Sin embargo, si lo único que pasa es que te duelen un poco los músculos, no te asustes, es normal; por supuesto, asumiendo que has realizado el calentamiento, los estiramientos al terminar y que no te has lesionado. La clave está en no pasarse, especialmente si llevas mucho tiempo sin hacer ejercicio o llevas una vida excesivamente sedentaria; evitarás terminar odiando el ejercicio o sufrir una lesión. El mejor modo de empezar consiste en hacer poco ejercicio, pero más a menudo. Conforme vayas notando que mejora tu forma física (normalmente tras un par de semanas o tres), puedes aumentar el ritmo.

«Al final, siempre me pego un atracón con todas las comidas que no debo tomar»

Bueno, no te castigues a ti misma. Es mejor tomar un poco de esa comida que tanto deseas que negarte cualquier capricho de forma sistemática. Eso sí, asegúrate de que la cantidad es pequeña y, después de comerla, haz cualquier otra actividad (qué no sea comer). Negarte a ti misma tu comida favorita es una forma casi segura de ganar peso.

La frase

«La gente justifica lo que son echándole la culpa a las circunstancias. Yo no creo en las circunstancias. Las personas que progresan en este mundo son las que buscan las circunstancias que quieren y si no pueden encontrarlas, se las inventan».

GEORGE BERNARD SHAW

¿Cuál es tu duda?

P Yo me encuentro mejor por las mañanas, pero ¿cuál es la mejor hora para hacer ejercicio?

R *Yo diría que cuando te sientas motivada. Los estudios realizados en atletas han demostrado que el mejor momento del día es la tarde, ya que es el momento en el que llegan al apogeo la flexibilidad, el ritmo cardiaco y la temperatura corporal. Por supuesto, si haces ejercicio muy tarde, te costará dormirte un buen rato. Al final, tienes que ajustar tu horario de ejercicios a tu ritmo de vida, por lo que lo harás al mediodía, por la mañana o por la tarde. Depende sólo de ti. Las ventajas de hacer ejercicio todos los días (o casi todos) es mucho mayor que el definir exactamente a la hora en que hay que hacerlo. Por lo que, ¡te prohíbo que utilices la excusa de que no has podido a cierta hora para no hacer ejercicio hoy!*

P ¿No será que tengo algún problema glandular?

R *Es posible que tengas algún problema en el tiroides. Entre los síntomas del hipotiroidismo, que se padece cuando no se produce la suficiente hormona tiroxina, destacan la ganancia de peso, el sentirse cansada a todas horas y la sensación de frío. Si estos síntomas te son familiares, acude al médico y hazte análisis. La retención de fluido también puede hacerte ganar peso y suele tener relación con la toma de anticonceptivos, con el ciclo menstrual o con el uso de corticoides. De nuevo, quizá lo mejor sea consultar al médico.*

Busca apoyo

Perder peso depende sólo de ti, pero es mucho más fácil si hay otras personas que te apoyan. Ya sea un médico, un grupo de gimnasio, un club o tu familia y amigos, es esencial que sientas que no estás sola.

No me gusta que mi pareja haga la compra porque pasa de la lista de alimentos que debo tomar. No es su culpa, eso pasa. Es culpa mía por no reclutarle como aliado. Depende de ti conseguir tus aliados y mantenerlos de tu parte.

Cuando mi pareja hace la compra, en lugar de llenar el carro con frutas y verduras, productos bajos en grasa, pan y arroz integral o filetes finos de carne, trae sobre todo bolsas de patatas fritas, quesos (por supuesto, no *lights*), helados y embutidos. Al principio, era divertido y me lo tomaba bien. Pero ahora, es frustrante además de caro. Llegué a pensar que era una estrategia para librarse de hacer la compra, pero me di cuenta de que el problema es que nunca le había dicho porqué quería los productos de la lista que le daba y los problemas que acarreaban todos esos alimentos «engordantes» que él compraba.

La frase

«A los hijos no hay que preguntarles qué quieren de comer, salvo cuando invitan ellos».

FRAN LEBOWITZ

Una buena idea

Mejorar tu postura puede hacerte parecer delgada de forma instantánea. Relaja tus hombros y déjalos caer ligeramente hacia atrás. Tu pecho se levantará de manera natural. Mira el libro sobre el Método Pilates de esta misma colección si quieres aprender otras posturas interesantes.

Tienes que comunicarles tus planes respecto al adelgazamiento a tu pareja y a tu familia. Necesitas sentarte con ellos y explicarles los motivos por los que quieres perder peso y lo que vas a hacer para conseguirlo. Es importante que les pidas ayuda. Por ejemplo, es posible que necesites ayuda a la hora de cuidar a los niños, para hacer recados, para cocinar o hacer la compra. Quizás quieras que ellos hagan deporte contigo. ¿Podrían ellos unirse a la comida sana? Si son delgados, podrían comer los mismos alimentos que tú, pero más cantidad. Si a ellos también les sobra algún kilo, tu motivación puede ayudarles mucho. Ten claro, que al final, el apoyo y los elogios de los que te quieren serán vitales para que logres tus objetivos.

Por supuesto, se dan casos en los que las personas que están a tu alrededor se muestran muy poco entusiasmados con tu deseo de pérdida de peso; incluso algunos pueden intentar obstaculizarlo. Se han acostumbrado a ti tal y como eres, y temen que cambies de personalidad conforme cambia tu tamaño. Tu pareja puede pensar que cuando estés «tipito», te vayas con otro/a. Lo único que puedes hacer es darle confianza una y otra vez, pero si aún así se niega a darte tu apoyo, tendrás que lograrlo sin él/ella. Intenta hacer nuevos amigos. El contacto con personas que se encuentran en la misma situación que tú es perfecto como apoyo moral. Lo importante es el contacto con otros y la compresión que se recibe, por no mencionar los trucos y advertencias que se comparten, que siempre ayudan mucho.

La frase

«Los verdaderos amigos son a los que puedes llamar a las 4 de la madrugada».
Marlene Dietrich

Idea 51. Busca apoyo

Además de buscar apoyo en la estructura familiar y en los amigos, es posible que te vaya mejor con una estructura más formal. Los clubes de adelgazamiento, algunos gimnasios con programas especiales, las revistas y, por supuesto, Internet, pueden ayudarte. Además de las dietas en sí (todas se basan en alimentarse saludablemente, aunque haya pequeñas diferencias entre ellas), el espíritu de pertenecer a una comunidad es maravilloso, proporciona apoyo, motivación e inspiración. Hay estudios que demuestran que las posibilidades de perder peso sin recuperarlo son mayores cuando se pertenece a un club o comunidad similar.

Otra idea más

¿Se trata realmente de falta de apoyos o es simplemente una excusa? Mira la IDEA 50, *¿Cuál es tu excusa favorita?*

Dependiendo de tu situación financiera, puedes también buscar ayuda personalizada. Un entrenador personal puede diseñar un plan de ejercicios a tu medida y te aseguro que es uno de los mejores modos de comprometerse a cumplirlo. Para levantarse de la cama, no hay nada como una llamada o un SMS de tu entrenador personal. También puedes visitar a un dietista o endocrino para que te aconseje y te haga un seguimiento en el tiempo. Algunos te exigirán ir a la consulta una y otra vez, pero otros te permitirán realizar parte del seguimiento por teléfono. Son perfectos para ayudarte a preparar un plan de acción y ceñirse a él. Al final, ten claro que tu fuerza de voluntad es la que determinará que tengas éxito o fracases, pero toda la ayuda que puedas conseguir será buena.

La frase

«La gente cambia, pero olvida comunicárselo a los demás».

LILLIAN HELLMAN

¿Cuál es tu duda?

P Vamos a cenar con una pareja amiga nuestra. Aunque ella sabe que estoy intentando perder peso, prepara una cena alta en calorías. ¿Qué debo hacer?

R *¿No se da cuenta o es una bruja? Si te agrada su compañía, simplemente pon al mal tiempo buena cara y come porciones pequeñas. Tómate una ensalada o una tacita de sopa antes de ir a su casa. Tienes que ser educada, lo que no significa que tengas que tomar postre. Simplemente, di que el plato principal estaba tan rico que no tienes sitio para más.*

P Mi pareja y mis hijos tienen sobrepeso. ¿Cómo puedo evitar que mis hijos tengan complejo de gordos?

R *Es una situación difícil, pero para ser franca, hoy día la obesidad es un problema mayor que los trastornos alimenticios. El 70% de los niños con sobrepeso son adultos con problemas de sobrepeso. Creo que la clave está en manejar la situación con delicadeza. Incrementa la actividad como familia e introduce pequeños cambios en los hábitos alimenticios. Reduce las comidas basuras y procesadas, y pásate a los lácteos desnatados y a las bebidas sin azúcar. Cuantas menos chucherías y snacks tengas en casa, menos posibilidades hay de que tomen uno y se sienten frente al televisor. Yo también les invitaría a aprender las nociones básicas de la alimentación sana, ya sea a través de Internet o utilizando algunos de los materiales que las autoridades sanitarias están editando al respecto. A los niños les gusta aprender, por lo que es fácil que terminen enseñándote a ti alguna cosa.*

52

El arte de no recuperar el peso perdido

Todas podemos perder peso, al menos un poco de peso, pero el gran reto consiste en no recuperarlo. ¿Cuáles son los secretos para lograr el éxito?

Hay una estadística muy utilizada que indica que el 90% de las personas que pierden peso lo recuperan en menos de un año. Las estimaciones varían del 95% al 80%, pero en tu caso, cualquier porcentaje superior al 0% implica tu propio fracaso.

Sin embargo, sabes que es verdad. Hay muchas personas que no son capaces de mantener el peso que han perdido. En lugar de perderte buscando el motivo por el que han fracasado, es mejor averiguar cómo lo han hecho ese 5, 10 e incluso 20% que sí lo ha logrado. Tras leer muchos informes y anécdotas, las razones por las que han tenido éxito parecen ser las siguientes:

ESTRATEGIA 1

Las personas que tras perder peso logran no recuperarlo, vinculan las conductas que son positivas para la salud con otras áreas de sus vidas. Por ejemplo, comer con sensatez no sólo ayuda a mejorar la salud y el peso, sino que también representa un buen ejemplo para los niños. El ejercicio no es sólo una actividad física, sino que también es una forma de pasar tiempo con tu pareja, tus amigos, tus hijos (y el perro). Mucha gente que se empezó a interesar por la nutrición y la gimnasia buscando adelgazar, ha terminado utilizando sus nuevos conocimientos profesionalmente, convirtiéndose en dietistas o instructores de gimnasio. Cualquier cambio es bueno, pero si además tiene efecto en otras áreas de tu vida, mejor que mejor.

Una buena idea

¡Sigue viviendo! Las personas que logran tener éxito al hacer dieta no usan frases como «cuando pierda peso, me iré de vacaciones al Caribe, buscaré un nuevo trabajo o arreglaré mi vida amorosa». Simplemente pierden peso a la vez que siguen con su vida. Por tanto, no dejes tu vida a un lado para perder peso: haz lo que tengas que hacer y el resto llegará solo. Créeme.

ESTRATEGIA 2

Los pequeños cambios que se mantienen a lo largo de un periodo largo de tiempo terminan convirtiéndose en parte de tu estilo de vida, a diferencia de lo que ocurre con las tácticas que se emplean a corto plazo. Los planes a corto plazo sólo funcionan, como su nombre indica, durante un corto periodo de tiempo, motivo por el que fallan, por ejemplo, las dietas relámpago.  Una vez hayas perdido el peso que te sobra, necesitarás ingerir menos calorías para mantenerte. Si vuelves a tus viejos hábitos alimenticios, recuperarás el peso perdido rápidamente.

Si tus hábitos alimenticios van cambiando poco a poco, perderás peso despacio y sin riesgos para la salud. Además, estos nuevos hábitos se convertirán en tu receta para no volver a ganar peso.

ESTRATEGIA 3

Las personas que pierden peso y no lo recuperan conocen la importancia del ejercicio físico, y combinan actividad aeróbica con entrenamiento de resistencia. No sólo es que el ejercicio queme energía (y grasa si se realiza durante un buen rato), sino que además genera musculatura, la cual consume más calorías que la grasa. También te mantiene en forma desde el punto de vista de salud, protegiéndote frente a la osteoporosis, los problemas cardiacos, la hipertensión o la depresión, por citar algunas dolencias comunes. La gente que hace ejercicio, además, suele tener la autoestima más alta. Igual que ocurre con los hábitos alimenticios, el ejercicio debe ser constante y regular para ser beneficioso.

Otra idea más

¿Puede una dieta de desintoxicación ayudarte a ponerte en forma? Mira la IDEA 20, *Dietas de desintoxicación, ¿cura o estafa?*

ESTRATEGIA 4

Los estudios han descubierto que las pérdidas de peso que se realizan por motivos de salud tienen más posibilidades de mantenerse en el tiempo que las realizadas exclusivamente por motivos estéticos.

ESTRATEGIA 5

Las personas que han perdido peso a largo plazo han desarrollado un equilibrio correcto entre su vida y la comida. Saben que pueden volver a la senda correcta de la alimentación si han ganado algo de peso por un descuido. En lugar de castigarse por haber tomado un trozo de chocolate, se olvidan del «desliz» y vuelven a la alimentación sana. Al final, la constancia a la hora de comer bajo en grasa (con sus excepciones, que todo está permitido), bajo (pero no demasiado bajo) en calorías, con un equilibrio entre las proteínas, los hidratos de carbono y la abundancia de frutas y verduras, es el patrón de alimentación que desemboca en una dieta de éxito.

La frase

«El éxito consiste en conseguir lo que se quiere. La felicidad, en querer lo que se tiene».

DALE CARNEGIE

¿Cuál es tu duda?

P   He oído una teoría que indica que cada uno tenemos un peso natural mínimo que no podemos cambiar. ¿Es cierto?

R   *Es una teoría y como tal se está debatiendo. La idea es que si pierdes peso por debajo de tu peso mínimo, tu cuerpo hará todo lo necesario para que recuperes esa pérdida excesiva de peso y te devolverá a tu peso anterior. Esta teoría podría explicar por qué muchos de nosotros vemos muy difícil mantenerse una vez que hemos perdido peso. Lo frustrante es que esta teoría no «funciona» en el caso inverso: si pones mucho peso, tu cuerpo no luchará para eliminar dicho exceso. Incluso si se llegará a la conclusión de que esta teoría es cierta, el ejercicio seguiría siendo la mejor forma de mantener el control, ya que puede elevar tu metabolismo y fomentar la eliminación de grasas.*

P   ¿Puedo perder peso sin hacer dieta? Por ejemplo, ¿sólo con ejercicio?

R   *Sí, puedes perder peso incorporando el ejercicio físico en tu rutina diaria, siempre y cuando no te dediques a comer más, claro. Para perder una cantidad de peso significativa, tienes que currártelo. Te sugiero que busques un entrenador personal, en tu gimnasio o en tu club, de forma que entre los dos desarrolléis un programa. También podrías perder peso poco a poco quemando algunos cientos de calorías más de las que sueles quemar cada día. Sin embargo, el hecho de que quemes calorías no significa que estés bien alimentado. ¡Es muy importante que comas saludablemente!*

Idea 52. El arte de no recuperar el peso perdido

233

¿Dónde está?

Índice

Índice